最新法律文件解读丛书

商事法律文件解读

总第170辑(2019.2)

最新法律文件解读丛书编选组　编

人民法院出版社

图书在版编目(CIP)数据

商事法律文件解读. 总第170辑/最新法律文件解读丛书编选组编. —北京:人民法院出版社,2019.2
(最新法律文件解读丛书)
ISBN 978-7-5109-2426-2

Ⅰ.①商… Ⅱ.①最… Ⅲ.①商法—法律解释—中国 Ⅳ.①D923.995

中国版本图书馆 CIP 数据核字(2019)第025469号

商事法律文件解读. 总第170辑
最新法律文件解读丛书编选组 编

责任编辑 路建华
出版发行 人民法院出版社
地　　址 北京市东城区东交民巷27号 邮编 100745
电　　话 (010)67550660(责任编辑) 67550558(发行部查询)
65223677(读者服务部)
客服QQ 2092078039
网　　址 http://www.courtbook.com.cn
E-mail courtbook@sina.com
印　　刷 三河市国英印务有限公司
经　　销 新华书店
开　　本 787×1092毫米 1/16
字　　数 140千字
印　　张 8
版　　次 2019年2月第1版 2019年2月第1次印刷
书　　号 ISBN 978-7-5109-2426-2
定　　价 22.00元

卷首语

自然人纳税人识别号是自然人纳税人办理各类涉税事项的唯一代码标识，也是税务机关开展征管工作的基础。为进一步梳理办事流程，明确事项要求，全面提升纳税服务质量，国家税务总局于2018年12月17日发布了《国家税务总局关于自然人纳税人识别号有关事项的公告》（以下简称《公告》）。本辑刊登了《公告》及其解读。

为深入贯彻实施创新驱动发展战略和国家知识产权战略，充分发挥知识产权激励和保护创新、促进科技进步和社会发展的职能作用，积极营造国际一流的创新法治环境，加快建设粤港澳大湾区国际科技创新中心和科技创新强省，广东省高级人民法院于2018年12月23日发布了《广东省高级人民法院关于切实加强知识产权司法保护的若干意见》（以下简称《意见》）。本辑刊登了《意见》。

在“新类型疑难案例选评”栏目，本辑刊登了《梁某好诉陈某华、赵某浪、中国人民财产保险股份有限公司深圳市分公司机动车交通事故责任纠纷案》，阐明驾驶人被记满12分与无证驾驶有所不同，仅表明驾驶人有交通安全违法行为未处理，驾驶人并不当然失去驾驶资格。此时发生交通事故，如商业险合同未明确此情况属无证驾驶的免责事由，保险公司以驾驶人为无证驾驶、没有驾驶资格为由拒赔商业险，理由不能成立。

《最新法律文件解读》丛书
编 辑 部

范春雪　（010）67550525

姜　峤　（010）67550573

丁丽娜　（010）67550608

张　奎　（010）67550673

路建华　（010）67550660

执行编辑　路建华

邮　　箱　shangshijiedu@126. com

目 录

[法律与解读]

全国人民代表大会常务委员会

关于修改《中华人民共和国农村土地承包法》的决定

(2018年12月29日第十三届全国人民代表大会常务委员会第七次会议通过)

第十三届全国人民代表大会常务委员会第七次会议决定对《中华人民共和国农村土地承包法》作如下修改:

一、将第一条修改为:“为了巩固和完善以家庭承包经营为基础、统分结合的双层经营体制,保持农村土地承包关系稳定并长久不变,维护农村土地承包经营当事人的合法权益,促进农业、农村经济发展和农村社会和谐稳定,根据宪法,制定本法。”

二、增加一条,作为第九条:“承包方承包土地后,享有土地承包经营权,可以自己经营,也可以保留土地承包权,流转其承包地的土地经营权,由他人经营。”

三、将第十条修改为:“国家保护承包方依法、自愿、有偿流转土地经营权,保护土地经营权人的合法权益,任何组织和个人不得侵犯。”

四、将第八条改为第十一条,修改为:“农村土地承包经营应当遵守法律、法规,保护土地资源的合理开发和可持续利用。未经依法批准不得将承包地用于非农建设。

“国家鼓励增加对土地的投入,培肥地力,提高农业生产能力。”

五、将第十一条改为第十二条，修改为："国务院农业农村、林业和草原主管部门分别依照国务院规定的职责负责全国农村土地承包经营及承包经营合同管理的指导。

"县级以上地方人民政府农业农村、林业和草原等主管部门分别依照各自职责，负责本行政区域内农村土地承包经营及承包经营合同管理。

"乡（镇）人民政府负责本行政区域内农村土地承包经营及承包经营合同管理。"

六、将第十五条改为第十六条，增加一款，作为第二款："农户内家庭成员依法平等享有承包土地的各项权益。"

七、将第十六条改为第十七条，修改为："承包方享有下列权利：

"（一）依法享有承包地使用、收益的权利，有权自主组织生产经营和处置产品；

"（二）依法互换、转让土地承包经营权；

"（三）依法流转土地经营权；

"（四）承包地被依法征收、征用、占用的，有权依法获得相应的补偿；

"（五）法律、行政法规规定的其他权利。"

八、将第十七条改为第十八条，第一项修改为："维持土地的农业用途，未经依法批准不得用于非农建设；"

九、将第二十条改为第二十一条，修改为："耕地的承包期为三十年。草地的承包期为三十年至五十年。林地的承包期为三十年至七十年。

"前款规定的耕地承包期届满后再延长三十年，草地、林地承包期届满后依照前款规定相应延长。"

十、将第二十三条改为第二十四条，修改为："国家对耕地、林地和草地等实行统一登记，登记机构应当向承包方颁发土地承包经营权证或者林权证等证书，并登记造册，确认土地承包经营权。

"土地承包经营权证或者林权证等证书应当将具有土地承包经营权的全部家庭成员列入。

"登记机构除按规定收取证书工本费外，不得收取其他费用。"

十一、将第二章第四节的标题修改为："土地承包经营权的保护和互换、转让"。

十二、将第二十六条改为第二十七条，第二款、第三款修改为："国家保护进城农户的土地承包经营权。不得以退出土地承包经营权作为农户进城落户的条件。

“承包期内，承包农户进城落户的，引导支持其按照自愿有偿原则依法在本集体经济组织内转让土地承包经营权或者将承包地交回发包方，也可以鼓励其流转土地经营权。”

十三、将第二十七条改为第二十八条，第二款中的“农业等行政主管部门”修改为“农业农村、林业和草原等主管部门”。

十四、将第二十八条改为第二十九条，第三项修改为：“发包方依法收回和承包方依法、自愿交回的。”

十五、将第二十九条改为第三十条，修改为：“承包期内，承包方可以自愿将承包地交回发包方。承包方自愿交回承包地的，可以获得合理补偿，但是应当提前半年以书面形式通知发包方。承包方在承包期内交回承包地的，在承包期内不得再要求承包土地。”

十六、将第四十条改为第三十三条，修改为：“承包方之间为方便耕种或者各自需要，可以对属于同一集体经济组织的土地的土地承包经营权进行互换，并向发包方备案。”

十七、将第四十一条改为第三十四条，修改为：“经发包方同意，承包方可以将全部或者部分的土地承包经营权转让给本集体经济组织的其他农户，由该农户同发包方确立新的承包关系，原承包方与发包方在该土地上的承包关系即行终止。”

十八、将第三十八条改为第三十五条，修改为：“土地承包经营权互换、转让的，当事人可以向登记机构申请登记。未经登记，不得对抗善意第三人。”

十九、将第二章第五节的标题修改为：“土地经营权”。

二十、将第三十二条和第三十四条合并为第三十六条，修改为：“承包方可以自主决定依法采取出租（转包）、入股或者其他方式向他人流转土地经营权，并向发包方备案。”

二十一、增加一条，作为第三十七条：“土地经营权人有权在合同约定的期限内占有农村土地，自主开展农业生产经营并取得收益。”

二十二、将第三十三条改为第三十八条，修改为：“土地经营权流转应当遵循以下原则：

“（一）依法、自愿、有偿，任何组织和个人不得强迫或者阻碍土地经营权流转；

“（二）不得改变土地所有权的性质和土地的农业用途，不得破坏农业综合生产能力和农业生态环境；

“（三）流转期限不得超过承包期的剩余期限；

“（四）受让方须有农业经营能力或者资质；

“（五）在同等条件下，本集体经济组织成员享有优先权。”

二十三、将第三十六条改为第三十九条，修改为：“土地经营权流转的价款，应当由当事人双方协商确定。流转的收益归承包方所有，任何组织和个人不得擅自截留、扣缴。”

二十四、将第三十七条和第三十九条第二款合并为第四十条，修改为：“土地经营权流转，当事人双方应当签订书面流转合同。

“土地经营权流转合同一般包括以下条款：

“（一）双方当事人的姓名、住所；

“（二）流转土地的名称、坐落、面积、质量等级；

“（三）流转期限和起止日期；

“（四）流转土地的用途；

“（五）双方当事人的权利和义务；

“（六）流转价款及支付方式；

“（七）土地被依法征收、征用、占用时有关补偿费的归属；

“（八）违约责任。

“承包方将土地交由他人代耕不超过一年的，可以不签订书面合同。”

二十五、增加一条，作为第四十一条：“土地经营权流转期限为五年以上的，当事人可以向登记机构申请土地经营权登记。未经登记，不得对抗善意第三人。”

二十六、增加一条，作为第四十二条：“承包方不得单方解除土地经营权流转合同，但受让方有下列情形之一的除外：

“（一）擅自改变土地的农业用途；

“（二）弃耕抛荒连续两年以上；

“（三）给土地造成严重损害或者严重破坏土地生态环境；

“（四）其他严重违约行为。”

二十七、增加一条，作为第四十三条：“经承包方同意，受让方可以依法投资改良土壤，建设农业生产附属、配套设施，并按照合同约定对其投资部分获得合理补偿。”

二十八、将第三十九条第一款改为第四十四条，修改为：“承包方流转土地经营权的，其与发包方的承包关系不变。”

二十九、增加一条，作为第四十五条：“县级以上地方人民政府应当建立工商企业等社会资本通过流转取得土地经营权的资格审查、项目审核和风险防范制度。

“工商企业等社会资本通过流转取得土地经营权的，本集体经济组织可以收取适量管理费用。

“具体办法由国务院农业农村、林业和草原主管部门规定。”

三十、增加一条，作为第四十六条：“经承包方书面同意，并向本集体经济组织备案，受让方可以再流转土地经营权。”

三十一、增加一条，作为第四十七条：“承包方可以用承包地的土地经营权向金融机构融资担保，并向发包方备案。受让方通过流转取得的土地经营权，经承包方书面同意并向发包方备案，可以向金融机构融资担保。

“担保物权自融资担保合同生效时设立。当事人可以向登记机构申请登记；未经登记，不得对抗善意第三人。

“实现担保物权时，担保物权人有权就土地经营权优先受偿。

“土地经营权融资担保办法由国务院有关部门规定。”

三十二、将第四十五条改为第四十九条，修改为：“以其他方式承包农村土地的，应当签订承包合同，承包方取得土地经营权。当事人的权利和义务、承包期限等，由双方协商确定。以招标、拍卖方式承包的，承包费通过公开竞标、竞价确定；以公开协商等方式承包的，承包费由双方议定。”

三十三、将第四十六条改为第五十条，第一款修改为：“荒山、荒沟、荒丘、荒滩等可以直接通过招标、拍卖、公开协商等方式实行承包经营，也可以将土地经营权折股分给本集体经济组织成员后，再实行承包经营或者股份合作经营。”

三十四、将第四十七条改为第五十一条，修改为：“以其他方式承包农村土地，在同等条件下，本集体经济组织成员有权优先承包。”

三十五、将第四十九条改为第五十三条，修改为：“通过招标、拍卖、公开协商等方式承包农村土地，经依法登记取得权属证书的，可以依法采取出租、入股、抵押或者其他方式流转土地经营权。”

三十六、将第五十条改为第五十四条，修改为：“依照本章规定通过招标、拍卖、公开协商等方式取得土地经营权的，该承包人死亡，其应得的承包收益，依照继承法的规定继承；在承包期内，其继承人可以继续承包。”

三十七、将第五十三条改为第五十六条，修改为：“任何组织和个人侵害土地承包经营权、土地经营权的，应当承担民事责任。”

三十八、将第五十四条改为第五十七条，修改为：“发包方有下列行为之一的，应当承担停止侵害、排除妨碍、消除危险、返还财产、恢复原状、赔偿损失等民事责任：

“（一）干涉承包方依法享有的生产经营自主权；

“（二）违反本法规定收回、调整承包地；

“（三）强迫或者阻碍承包方进行土地承包经营权的互换、转让或者土地经营权流转；

“（四）假借少数服从多数强迫承包方放弃或者变更土地承包经营权；

“（五）以划分‘口粮田’和‘责任田’等为由收回承包地搞招标承包；

“（六）将承包地收回抵顶欠款；

“（七）剥夺、侵害妇女依法享有的土地承包经营权；

“（八）其他侵害土地承包经营权的行为。”

三十九、将第五十六条改为第五十九条，修改为：“当事人一方不履行合同义务或者履行义务不符合约定的，应当依法承担违约责任。”

四十、将第五十七条改为第六十条，修改为：“任何组织和个人强迫进行土地承包经营权互换、转让或者土地经营权流转的，该互换、转让或者流转无效。”

四十一、将第五十八条改为第六十一条，修改为：“任何组织和个人擅自截留、扣缴土地承包经营权互换、转让或者土地经营权流转收益的，应当退还。”

四十二、将第六十条改为第六十三条，修改为：“承包方、土地经营权人违法将承包地用于非农建设的，由县级以上地方人民政府有关主管部门依法予以处罚。

“承包方给承包地造成永久性损害的，发包方有权制止，并有权要求赔偿由此造成的损失。”

四十三、增加一条，作为第六十四条：“土地经营权人擅自改变土地的农业用途、弃耕抛荒连续两年以上、给土地造成严重损害或者严重破坏土地生态环境，承包方在合理期限内不解除土地经营权流转合同的，发包方有权要求终止土地经营权流转合同。土地经营权人对土地和土地生态环境造成的损害应当予以赔偿。”

四十四、将第六十一条改为第六十五条，修改为：“国家机关及其工作人员有利用职权干涉农村土地承包经营，变更、解除承包经营合同，干涉承包经营当事人依法享有的生产经营自主权，强迫、阻碍承包经营当事人进行土地承包经营权互换、转让或者土地经营权流转等侵害土地承包经营权、土地经营权的行为，给承包经营当事人造成损失的，应当承担损害赔偿等责任；情节严重的，由上级机关或者所在单位给予直接责任人员处分；构成犯罪的，依法追究刑事责任。”

四十五、增加一条，作为第六十九条：“确认农村集体经济组织成员身份的原则、程序等，由法律、法规规定。”

四十六、删去第四条第一款、第三十五条、第四十二条、第四十三条、第五十二条。

本决定自2019年1月1日起施行。

《中华人民共和国农村土地承包法》根据本决定作相应修改并对条款顺序作相应调整，重新公布。（略——编者注）

[司法解释、司法指导性文件与解读]

最高人民法院
关于知识产权法庭若干问题的规定

法释〔2018〕22号

（2018年12月3日最高人民法院审判委员会第1756次会议通过
2018年12月27日公布　自2019年1月1日起施行）

为进一步统一知识产权案件裁判标准，依法平等保护各类市场主体合法权益，加大知识产权司法保护力度，优化科技创新法治环境，加快实施创新驱动发展战略，根据《中华人民共和国人民法院组织法》《中华人民共和国民事诉讼法》《中华人民共和国行政诉讼法》《全国人民代表大会常务委员会关于专利等知识产权案件诉讼程序若干问题的决定》等法律规定，结合审判工作实际，就最高人民法院知识产权法庭相关问题规定如下。

第一条　最高人民法院设立知识产权法庭，主要审理专利等专业技术性较强的知识产权上诉案件。

知识产权法庭是最高人民法院派出的常设审判机构，设在北京市。

知识产权法庭作出的判决、裁定、调解书和决定，是最高人民法院的判决、裁定、调解书和决定。

第二条　知识产权法庭审理下列案件：

（一）不服高级人民法院、知识产权法院、中级人民法院作出的发明专利、实用新型专利、植物新品种、集成电路布图设计、技术秘密、计算机软件、垄断第一审民事案件判决、裁定而提起上诉的案件；

（二）不服北京知识产权法院对发明专利、实用新型专利、外观设计专利、植物新品种、集成电路布图设计授权确权作出的第一审行政案件判决、裁定而提起上诉的案件；

（三）不服高级人民法院、知识产权法院、中级人民法院对发明专利、实用新型专利、外观设计专利、植物新品种、集成电路布图设计、技术秘密、计算机软件、垄断行政处罚等作出的第一审行政案件判决、裁定而提起上诉的案件；

（四）全国范围内重大、复杂的本条第一、二、三项所称第一审民事和行政案件；

（五）对本条第一、二、三项所称第一审案件已经发生法律效力的判决、裁定、调解书依法申请再审、抗诉、再审等适用审判监督程序的案件；

（六）本条第一、二、三项所称第一审案件管辖权争议，罚款、拘留决定申请复议，报请延长审限等案件；

（七）最高人民法院认为应当由知识产权法庭审理的其他案件。

第三条 本规定第二条第一、二、三项所称第一审案件的审理法院应当按照规定及时向知识产权法庭移送纸质和电子卷宗。

第四条 经当事人同意，知识产权法庭可以通过电子诉讼平台、中国审判流程信息公开网以及传真、电子邮件等电子方式送达诉讼文件、证据材料及裁判文书等。

第五条 知识产权法庭可以通过电子诉讼平台或者采取在线视频等方式组织证据交换、召集庭前会议等。

第六条 知识产权法庭可以根据案件情况到实地或者原审人民法院所在地巡回审理案件。

第七条 知识产权法庭采取保全等措施，依照执行程序相关规定办理。

第八条 知识产权法庭审理的案件的立案信息、合议庭组成人员、审判流程、裁判文书等向当事人和社会依法公开，同时可以通过电子诉讼平台、中国审判流程信息公开网查询。

第九条 知识产权法庭法官会议由庭长、副庭长和若干资深法官组成，讨论重大、疑难、复杂案件等。

第十条 知识产权法庭应当加强对有关案件审判工作的调研，及时总结裁判标准和审理规则，指导下级人民法院审判工作。

第十一条 对知识产权法院、中级人民法院已经发生法律效力的本规定第二条第一、二、三项所称第一审案件判决、裁定、调解书，省级人民检察院向高级人民法院提出抗诉的，高级人民法院应当告知其由最高人民检察院依法向最高人民法院提出，并由知识产权法庭审理。

第十二条 本规定第二条第一、二、三项所称第一审案件的判决、裁定或者决定，于2019年1月1日前作出，当事人依法提起上诉或者申请复议的，由原审人民法院的上一级人民法院审理。

第十三条 本规定第二条第一、二、三项所称第一审案件已经发生法律效力的判决、裁定、调解书，于2019年1月1日前作出，对其依法申请再审、抗诉、再审的，适用《中华人民共和国民事诉讼法》《中华人民共和国行政诉讼法》有关规定。

第十四条 本规定施行前经批准可以受理专利、技术秘密、计算机软件、垄断第一审民事和行政案件的基层人民法院，不再受理上述案件。

对于基层人民法院2019年1月1日尚未审结的前款规定的案件，当事人不服其判决、裁定依法提起上诉的，由其上一级人民法院审理。

第十五条 本规定自2019年1月1日起施行。最高人民法院此前发布的司法解释与本规定不一致的，以本规定为准。

最高人民法院相关负责人就《最高人民法院关于知识产权法庭若干问题的规定》答记者问

2018年12月3日，最高人民法院审判委员会第1756次会议审议并原则通过了《关于知识产权法庭若干问题的规定》（以下简称《规定》）。值此《规定》公布之际，最高人民法院相关负责人就有关问题接受了记者的采访。

问：请介绍一下《规定》起草的背景。

答：2017 年 11 月，十九届中央全面深化改革领导小组第一次会议审议通过《关于加强知识产权审判领域改革创新若干问题的意见》，要求“研究建立国家层面知识产权案件上诉审理机制”。2018 年 2 月，中央全面深化改革委员会将此确定为 2018 年改革要点工作，由最高人民法院牵头落实。2018 年 10 月 19 日，中央正式批准最高人民法院设立知识产权法庭、统一审理全国范围内专利等上诉案件，并要求最高人民法院制定发布《关于知识产权法庭若干问题的规定》，作为知识产权法庭挂牌办公的配套制度。2018 年 10 月 26 日，全国人大常委会第六次会议审议通过《关于专利等知识产权案件诉讼程序若干问题的决定》（以下简称《人大决定》）。最高人民法院立足知识产权法庭审判工作实际，起草了司法解释。

问：最高人民法院知识产权法庭设立后，最高人民法院知识产权审判庭的审判职能是否会受影响？

答：知识产权法庭上收了高级人民法院的部分审判职能，主要审理全国范围内专利等专业技术性较强的知识产权上诉案件。知识产权审判庭的审判职能不因知识产权法庭的成立而变化，其仍主要审理全国范围内各类知识产权申请再审、再审案件。

问：为什么《规定》第二条分两项列举知识产权法庭审理的行政二审案件？

答：《规定》第二条分两项规定了知识产权法庭受理行政二审案件的范围，第二项规定了授权确权行政案件，第三项规定了行政处罚等行政案件。区分二者的主要考虑是：授权确权行政案件是审理民事侵权案件的前提和基础，是各类知识产权案件的重要中枢。其与行政处罚等行政案件在管辖、当事人、属性、意义等方面存在差异。

问：由知识产权法庭统一审理全国范围内的专利等技术类二审民事、行政案件，如何实现便民高效？《规定》是否对此有所安排？

答：《规定》制定过程中，最高人民法院充分考虑了诉讼便民问题，《规定》第三、四、五、六、八条都是关于便民措施的规定。知识产权法庭将以智慧法院信息化建设和巡回审判为抓手，实现高效便民。

问：为什么《规定》第十一条规定由最高人民检察院就知识产权法院、中级人民法院作出的专利等民事、行政生效一审裁决提起抗诉？

答：根据《人大决定》第三条，对知识产权法院、中级人民法院作出的专利等民事、行政生效一审裁决的再审职能一律上收到最高人民法院，高级人民法院不再受理相关抗诉案件。这也就决定了，相关抗诉案件，应由最高人民检察院向最高人民法院提出。

问：《规定》仅对抗诉的情形作出规定，知识产权法庭成立后，对《规定》第二条第一、二、三项所称第一审生效裁判进行审判监督的其他方式，是否受到影响？

答：知识产权法庭成立后，对《规定》第二条第一、二、三项所称第一审生效裁判申请再审，本院院长发现其确有错误、同级人民检察院就其提出检察建议等程序均仍依民事诉讼法、行政诉讼法的规定执行。但根据《人大决定》第三条，高级人民法院不再承担知识产权法院、中级人民法院专利等民事、行政第一审生效裁决的审判监督职能，因此高级人民法院发现辖区内有关中级人民法院、知识产权法院对本规定第二条第一、二、三项所称案由第一审案件作出的生效裁判确有错误的，应当向知识产权法庭报告，由其决定是否再审。

问：对知识产权法庭作出的裁决，如何进行审判监督？

答：由于最高人民法院是最高审判机关，只能通过由不同内设审判庭审理不同审级案件的方式来保证审级独立。目前最高人民法院的民事、行政上诉案件由各民事、行政审判庭审理，再审、抗诉案件由审判监督庭审理。与之相似，对知识产权法庭作出的判决、裁定、调解书，当事人申请再审的，应当向最高人民法院立案庭递交再审申请书等材料。

问：《规定》第十二条、第十三条所规定的“2019年1月1日前作出”的裁决，判断依据是什么？2019年1月1日后作出的有关裁决的上诉、申请复议或者申请再审、抗诉、再审的如何处理？

答：判断是否属于“2019年1月1日前作出”的裁决的依据是裁判文书尾部落款日期。2019年1月1日后作出的有关裁决的上诉、申请复议或者申请再审、抗诉、再审根据《规定》第二条处理。

来源：人民法院新闻传媒总社

最高人民法院

关于人民法院确定财产处置参考价若干问题的规定

法释〔2018〕15号

（2018年6月4日最高人民法院审判委员会第1741次会议通过 2018年8月28日最高人民法院公告公布 自2018年9月1日起施行）

为公平、公正、高效确定财产处置参考价，维护当事人、利害关系人的合法权益，根据《中华人民共和国民事诉讼法》等法律规定，结合人民法院工作实际，制定本规定。

第一条 人民法院查封、扣押、冻结财产后，对需要拍卖、变卖的财产，应当在三十日内启动确定财产处置参考价程序。

第二条 人民法院确定财产处置参考价，可以采取当事人议价、定向询价、网络询价、委托评估等方式。

第三条 人民法院确定参考价前，应当查明财产的权属、权利负担、占有使用、欠缴税费、质量瑕疵等事项。

人民法院查明前款规定事项需要当事人、有关单位或者个人提供相关资料的，可以通知其提交；拒不提交的，可以强制提取；对妨碍强制提取的，参照民事诉讼法第一百一十一条、第一百一十四条的规定处理。

查明本条第一款规定事项需要审计、鉴定的，人民法院可以先行审计、鉴定。

第四条 采取当事人议价方式确定参考价的，除一方当事人拒绝议价或者下落不明外，人民法院应当以适当的方式通知或者组织当事人进行协商，当事人应当在指定期限内提交议价结果。

双方当事人提交的议价结果一致，且不损害他人合法权益的，议价结果为参考价。

第五条 当事人议价不能或者不成，且财产有计税基准价、政府定价或者政府指导价的，人民法院应当向确定参考价时财产所在地的有关机构进行定向询价。

双方当事人一致要求直接进行定向询价，且财产有计税基准价、政府定价或者政府指导价的，人民法院应当准许。

第六条 采取定向询价方式确定参考价的，人民法院应当向有关机构出具询价函，询价函应当载明询价要求、完成期限等内容。

接受定向询价的机构在指定期限内出具的询价结果为参考价。

第七条 定向询价不能或者不成，财产无需由专业人员现场勘验或者鉴定，且具备网络询价条件的，人民法院应当通过司法网络询价平台进行网络询价。

双方当事人一致要求或者同意直接进行网络询价，财产无需由专业人员现场勘验或者鉴定，且具备网络询价条件的，人民法院应当准许。

第八条 最高人民法院建立全国性司法网络询价平台名单库。

司法网络询价平台应当同时符合下列条件：

（一）具备能够依法开展互联网信息服务工作的资质；

（二）能够合法获取并整合全国各地区同种类财产一定时期的既往成交价、政府定价、政府指导价或者市场公开交易价等不少于三类价格数据，并保证数据真实、准确；

（三）能够根据数据化财产特征，运用一定的运算规则对市场既往交易价格、交易趋势予以分析；

（四）程序运行规范、系统安全高效、服务质优价廉；

（五）能够全程记载数据的分析过程，将形成的电子数据完整保存不少于十年，但法律、行政法规、司法解释另有规定的除外。

第九条 最高人民法院组成专门的评审委员会，负责司法网络询价平台的选定、评审和除名。每年引入权威第三方对已纳入和新申请纳入名单库的司法网络询价平台予以评审并公布结果。

司法网络询价平台具有下列情形之一的，应当将其从名单库中除名：

（一）无正当理由拒绝进行网络询价；

（二）无正当理由一年内累计五次未按期完成网络询价；

（三）存在恶意串通、弄虚作假、泄露保密信息等行为；

（四）经权威第三方评审认定不符合提供网络询价服务条件；

（五）存在其他违反询价规则以及法律、行政法规、司法解释规定的情形。

司法网络询价平台被除名后，五年内不得被纳入名单库。

第十条 采取网络询价方式确定参考价的，人民法院应当同时向名单库中的全部司法网络询价平台发出网络询价委托书。网络询价委托书应当载明财产名称、物理特征、规格数量、目的要求、完成期限以及其他需要明确的内容等。

第十一条 司法网络询价平台应当在收到人民法院网络询价委托书之日起三日内出具网络询价报告。网络询价报告应当载明财产的基本情况、参照样本、计算方法、询价结果及有效期等内容。

司法网络询价平台不能在期限内完成询价的，应当在期限届满前申请延长期限。全部司法网络询价平台均未能在期限内出具询价结果的，人民法院应当根据各司法网络询价平台的延期申请延期三日；部分司法网络询价平台在期限内出具网络询价结果的，人民法院对其他司法网络询价平台的延期申请不予准许。

全部司法网络询价平台均未在期限内出具或者补正网络询价报告，且未按照规定申请延长期限的，人民法院应当委托评估机构进行评估。

人民法院未在网络询价结果有效期内发布一拍拍卖公告或者直接进入变卖程序的，应当通知司法网络询价平台在三日内重新出具网络询价报告。

第十二条 人民法院应当对网络询价报告进行审查。网络询价报告均存在财产基本信息错误、超出财产范围或者遗漏财产等情形的，应当通知司法网络询价平台在三日内予以补正；部分网络询价报告不存在上述情形的，无需通知其他司法网络询价平台补正。

第十三条 全部司法网络询价平台均在期限内出具询价结果或者补正结果的，人民法院应当以全部司法网络询价平台出具结果的平均值为参考价；部分司法网络询价平台在期限内出具询价结果或者补正结果的，人民法院应当以该部分司法网络询价平台出具结果的平均值为参考价。

当事人、利害关系人依据本规定第二十二条的规定对全部网络询价报告均提出异议，且所提异议被驳回或者司法网络询价平台已作出补正的，人民法院应当以异议被驳回或者已作出补正的各司法网络询价平台出具结果的平均值为参考价；对部分网络询价报告提出异议的，人民法院应当以网络询价报告未被提出异议的各司法网络询价平台出具结果的平均值为参考价。

第十四条 法律、行政法规规定必须委托评估、双方当事人要求委托评估或者网络询价不能或不成的，人民法院应当委托评估机构进行评估。

第十五条 最高人民法院根据全国性评估行业协会推荐的评估机构名单建立人民法院司法评估机构名单库。按评估专业领域和评估机构的执业范围建立名单分库，在分库下根据行政区划设省、市两级名单子库。

评估机构无正当理由拒绝进行司法评估或者存在弄虚作假等情形的，最高人民法院可以商全国性评估行业协会将其从名单库中除名；除名后五年内不得被纳入名单库。

第十六条 采取委托评估方式确定参考价的，人民法院应当通知双方当事人在指定期限内从名单分库中协商确定三家评估机构以及顺序；双方当事人在指定期限内协商不成或者一方当事人下落不明的，采取摇号方式在名单分库或者财产所在地的名单子库中随机确定三家评估机构以及顺序。双方当事人一致要求在同一名单子库中随机确定的，人民法院应当准许。

第十七条 人民法院应当向顺序在先的评估机构出具评估委托书，评估委托书应当载明财产名称、物理特征、规格数量、目的要求、完成期限以及其他需要明确的内容等，同时应当将查明的财产情况及相关材料一并移交给评估机构。

评估机构应当出具评估报告，评估报告应当载明评估财产的基本情况、评估方法、评估标准、评估结果及有效期等内容。

第十八条 评估需要进行现场勘验的，人民法院应当通知当事人到场；当事人不到场的，不影响勘验的进行，但应当有见证人见证。现场勘验需要当事人、协助义务人配合的，人民法院依法责令其配合；不予配合的，可以依法强制进行。

第十九条 评估机构应当在三十日内出具评估报告。人民法院决定暂缓或者裁定中止执行的期间，应当从前述期限中扣除。

评估机构不能在期限内出具评估报告的，应当在期限届满五日前书面向人民法院申请延长期限。人民法院决定延长期限的，延期次数不超过两次，每次不超过十五日。

评估机构未在期限内出具评估报告、补正说明，且未按照规定申请延长期限的，人民法院应当通知该评估机构三日内将人民法院委托评估时移交的材料退回，另行委托下一顺序的评估机构重新进行评估。

人民法院未在评估结果有效期内发布一拍拍卖公告或者直接进入变卖程序的，应当通知原评估机构在十五日内重新出具评估报告。

第二十条 人民法院应当对评估报告进行审查。具有下列情形之一的，应当责令评估机构在三日内予以书面说明或者补正：

（一）财产基本信息错误；

（二）超出财产范围或者遗漏财产；

（三）选定的评估机构与评估报告上签章的评估机构不符；

（四）评估人员执业资格证明与评估报告上署名的人员不符；

（五）具有其他应当书面说明或者补正的情形。

第二十一条 人民法院收到定向询价、网络询价、委托评估、说明补正等报告后，应当在三日内发送给当事人及利害关系人。

当事人、利害关系人已提供有效送达地址的，人民法院应当将报告以直接送达、留置送达、委托送达、邮寄送达或者电子送达的方式送达；当事人、利害关系人下落不明或者无法获取其有效送达地址，人民法院无法按照前述规定送达的，应当在中国执行信息公开网上予以公示，公示满十五日即视为收到。

第二十二条 当事人、利害关系人认为网络询价报告或者评估报告具有下列情形之一的，可以在收到报告后五日内提出书面异议：

（一）财产基本信息错误；

（二）超出财产范围或者遗漏财产；

（三）评估机构或者评估人员不具备相应评估资质；

（四）评估程序严重违法。

对当事人、利害关系人依据前款规定提出的书面异议，人民法院应当参照民事诉讼法第二百二十五条的规定处理。

第二十三条 当事人、利害关系人收到评估报告后五日内对评估报告的参照标准、计算方法或者评估结果等提出书面异议的，人民法院应当在三日内交评估机构予以书面说明。评估机构在五日内未作说明或者当事人、利害关系人对作出的说明仍有异议的，人民法院应当交由相关行业协会在指定期限内组织专业技术评审，并根据专业技术评审出具的结论认定评估结果或者责令原评估机构予以补正。

当事人、利害关系人提出前款异议，同时涉及本规定第二十二条第一款第一、二项情形的，按照前款规定处理；同时涉及本规定第二十二条第一款第三、四项情形的，按照本规定第二十二条第二款先对第三、四项情形审查，异议成立的，应当通知评估机构三日内将人民法院委托评估时移交的材料退回，另行委托下一顺序的评估机构重新进行评估；异议不成立的，按照前款规定处理。

第二十四条 当事人、利害关系人未在本规定第二十二条、第二十三条规定的期限内提出异议或者对网络询价平台、评估机构、行业协会按照本规定第二十二条、第二十三条所作的补正说明、专业技术评审结论提出异议的，人民法院不予受理。

当事人、利害关系人对议价或者定向询价提出异议的，人民法院不予受理。

第二十五条 当事人、利害关系人有证据证明具有下列情形之一，且在发布一拍拍卖公告或者直接进入变卖程序之前提出异议的，人民法院应当按照执行监督程序进行审查处理：

（一）议价中存在欺诈、胁迫情形；

（二）恶意串通损害第三人利益；

（三）有关机构出具虚假定向询价结果；

（四）依照本规定第二十二条、第二十三条作出的处理结果确有错误。

第二十六条 当事人、利害关系人对评估报告未提出异议、所提异议被驳回或者评估机构已作出补正的，人民法院应当以评估结果或者补正结果为参考价；当事人、利害关系人对评估报告提出的异议成立的，人民法院应当以评估机构作出的补正结果或者重新作出的评估结果为参考价。专业技术评审对评估报告未作出否定结论的，人民法院应当以该评估结果为参考价。

第二十七条 司法网络询价平台、评估机构应当确定网络询价或者委托评估结果的有效期，有效期最长不得超过一年。

当事人议价的，可以自行协商确定议价结果的有效期，但不得超过前款规定的期限；定向询价结果的有效期，参照前款规定确定。

人民法院在议价、询价、评估结果有效期内发布一拍拍卖公告或者直接进入变卖程序，拍卖、变卖时未超过有效期六个月的，无需重新确定参考价，但法律、行政法规、司法解释另有规定的除外。

第二十八条 具有下列情形之一的，人民法院应当决定暂缓网络询价或者委托评估：

（一）案件暂缓执行或者中止执行；

（二）评估材料与事实严重不符，可能影响评估结果，需要重新调查核实；

（三）人民法院认为应当暂缓的其他情形。

第二十九条 具有下列情形之一的，人民法院应当撤回网络询价或者委托评估：

（一）申请执行人撤回执行申请；

（二）生效法律文书确定的义务已全部执行完毕；

（三）据以执行的生效法律文书被撤销或者被裁定不予执行；

（四）人民法院认为应当撤回的其他情形。

人民法院决定网络询价或者委托评估后，双方当事人议价确定参考价或者协商不再对财产进行变价处理的，人民法院可以撤回网络询价或者委托评估。

第三十条 人民法院应当在参考价确定后十日内启动财产变价程序。拍卖的，参照参考价确定起拍价；直接变卖的，参照参考价确定变卖价。

第三十一条 人民法院委托司法网络询价平台进行网络询价的，网络询价费用应当按次计付给出具网络询价结果与财产处置成交价最接近的司法网络询价平台；多家司法网络询价平台出具的网络询价结果相同或者与财产处置成交价差距相同的，网络询价费用平均分配。

人民法院依照本规定第十一条第三款规定委托评估机构进行评估或者依照本规定第二十九条规定撤回网络询价的，对司法网络询价平台不计付费用。

第三十二条 人民法院委托评估机构进行评估，财产处置未成交的，按照评估机构合理的实际支出计付费用；财产处置成交价高于评估价的，以评估价为基准计付费用；财产处置成交价低于评估价的，以财产处置成交价为基准计付费用。

人民法院依照本规定第二十九条规定撤回委托评估的，按照评估机构合理的实际支出计付费用；人民法院依照本规定通知原评估机构重新出具评估报告的，按照前款规定的百分之三十计付费用。

人民法院依照本规定另行委托评估机构重新进行评估的，对原评估机构不计付费用。

第三十三条 网络询价费及委托评估费由申请执行人先行垫付，由被执行人负担。

申请执行人通过签订保险合同的方式垫付网络询价费或者委托评估费的，保险人应当向人民法院出具担保书。担保书应当载明因申请执行人未垫付网络询价费或者委托评估费由保险人支付等内容，并附相关证据材料。

第三十四条 最高人民法院建设全国法院询价评估系统。询价评估系统与定向询价机构、司法网络询价平台、全国性评估行业协会的系统对接，实现数据共享。

询价评估系统应当具有记载当事人议价、定向询价、网络询价、委托评估、摇号过程等功能，并形成固化数据，长期保存、随案备查。

第三十五条 本规定自2018年9月1日起施行。

最高人民法院此前公布的司法解释及规范性文件与本规定不一致的，以本规定为准。

《最高人民法院关于人民法院确定财产处置参考价若干问题的规定》的几个亮点问题

孙建国*

《最高人民法院关于人民法院确定财产处置参考价若干问题的规定》（以下简称《确定参考价规定》）已于2018年9月1日施行。该规定共有35个条

* 作者单位：最高人民法院执行局。

文，主要是针对目前人民法院在处置财产过程中突出存在的，且现行法律、司法解释又缺乏明确规定的问题，进行了细化和明确，以规范人民法院确定财产处置参考价的行为。为了帮助大家进一步理解和把握该司法解释，将《确定参考价规定》的特点整理成“八大亮点”问题，在此进行阐释。

亮点一：在保留委托评估这一传统确定财产处置参考价方式的基础上，新增当事人议价、定向询价、网络询价三种确定财产处置参考价的方式

2005年1月1日施行的《最高人民法院关于人民法院民事执行中拍卖、变卖财产的规定》（以下简称《执行中拍卖、变卖规定》）第四条规定，对拟拍卖的财产，人民法院应当委托具有相应资质的评估机构进行价格评估。对于财产价值较低或者价格依照通常方法容易确定的，可以不进行评估。当事人双方及其他执行债权人申请不进行评估的，人民法院应当准许。据此确定了委托评估是原则，不评估是例外的规则。虽然这里规定了可以不进行评估的情形，但是却没有明确由谁来确定、怎么确定的问题。实践中，为了减少不必要的麻烦，稳妥起见，人民法院往往还是委托评估。委托评估往往周期长，费用高，当事人负担重。为解决这一问题，各地法院已经开始探索和尝试新的确定财产参考价的方式。实践表明，当事人根据自愿原则协议确定参考价，向有关部门定向询价，既快速又无费用负担。特别是随着网络大数据的发展，以大数据方式确定参考价更是便捷快速，成本低廉。为解决确定财产处置参考价这一影响网拍效率和透明度的瓶颈问题，积极回应人民群众的新期待和新要求，最高人民法院经过充分调研论证，总结各地实践经验，确定了四种确定财产参考价的方式。《确定参考价规定》第二条规定，人民法院确定财产处置参考价，可以采取当事人议价、定向询价、网络询价、委托评估等方式。可见，在保留委托评估这一传统的确定财产处置参考价方式的基础上，又新增了当事人议价、定向询价、网络询价三种确定财产处置参考价的方式。新增的三种确定财产处置参考价的方式均具有公开、透明、高效的特点，除网络询价需要较低的费用外，当事人议价和定向询价都是“零费用”。《确定参考价规定》形成了人民法院确定财产处置参考价的新模式，极大地拓宽了确定财产处置参考价的渠道，对解决长期以来评估周期长、费用高、财产处置效率低等突出问题具有重要意义。

亮点二：在法定优先的基础上，规定了四种确定财产处置参考价方式的顺序和适用条件

我国资产评估法第三条规定，自然人、法人或者其他组织需要确定评估对象价值的，可以自愿委托评估机构评估。涉及国有资产或者公共利益等事项，法律、行政法规规定需要评估的，应当依法委托评估机构评估。《确定参考价规定》在第四条、第五条、第七条、第十四条分别对四种确定财产参考价方式的顺序和适用条件进行了明确。四种确定财产处置参考价的方式既相互关联先后有序，又相互独立可以直接选用。1. 法定优先原则。只要是法律、行政法规规定必须进行委托评估的，就只能采取委托评估的方式，不得采取其他方式。2. 意思自治原则。双方当事人协商确定采取哪种方式就采取哪种方式，但如果处置的财产不能通过该种方式确定参考价的除外。3. 客观实际原则。如果一方当事人拒绝议价或者下落不明的，就不能采用当事人议价的方式；如果财产没有计税基准价、政府定价或者政府指导价的，就不能采用定向询价的方式；如果需要由专业人员现场勘验或者鉴定，或者是尚不具备网络询价条件(网络询价平台尚无数据可以询价）的，不能采用网络询价方式。4. 依法有序原则。如果不存在前面所说的特殊情况，就要按照《确定参考价规定》的规定，依次按照顺序逐一采取。首先要采取当事人议价方式；当事人议价不成或不能的，采取定向询价方式；定向询价不成或者不能的，采取网络询价方式；网络询价不能或不成的，采取委托评估方式。这样既符合法定委托评估的要求，也尊重当事人的意愿，同时还符合客观实际。

亮点三：借助信息化手段，依靠大数据的优势，创设了网络询价的特殊规则

借助信息化手段，依靠大数据的优势确定财产处置参考价是《确定参考价规定》司法解释的创新，更是《确定参考价规定》司法解释的重要内容之一。根据网络的特点和大数据的发展趋势，结合执行工作实际，《确定参考价规定》专门用了八条（第七条、第八条、第九条、第十条、第十一条、第十二条、第十三条、第三十一条），几乎占到规定的四分之一，对网络询价进行了规定，创设了网络询价的特有规则。除此之外，还有八条（第二十一条、第二十二条、第二十四条、第二十五条、第二十七条、第二十八条、第二十九条、第三十三条）就网络询价与其他确定财产处置参考价方式共同存在的问题进行了统一的规定。前后共计16条对网络询价进行了全面的规定，形成了一整套的网络询价工作的新机制。网络询价特有的规则主要包括：1. 由最高人民法院建立全国性网络司法询价平台名单库。2. 向名单库中所有的司法网络询价平台进行询价。3. 不论一个还是几个，只要有平台在规定期限内出具了询价结果的，就不准许其他平台的延期申请。特别注意的是报告中没有给出财产参考价的，不视为出具询价结果。4. 要对网络询价报告是否存在财产基本信息错误、超出财产范围或者遗漏财产等情形进行形式审查。5. 经过审查，不论一个还是几个，只要有平台出具的询价报告不存问题的，就不要求其他平台进行补正。6. 以当事人或者利害关系人未提异议或者异议不成立，抑或是异议成立但经过补正的网络询价结果的平均值作为财产处置的参考价。7. 网络询价费按次计算，以财产处置成交价为基准，支付给与其最接近的一家或者几家司法网络询价平台。

亮点四：重新确定和细化了委托评估的规则，赋予委托评估以新的内容

虽然《确定参考价规定》明确了四种确定财产处置参考价的方式，但实践中，仍有大量财产确实需要通过委托评估的方式确定参考价。因此，委托评估作为人民法院确定财产处置参考价时不可或缺的重要方式，仍然发挥着重要作用。针对传统委托评估中存在的评估周期长、透明度不高、当事人负担重等问题，《确定参考价规定》专门用了十条（第十四条、第十五条、第十六条、第十七条、第十八条、第十九条、第二十条、第二十三条、第二十六条、第三十二条），超过了规定的四分之一，对委托评估进行了规定，重新确定了规则、细化了标准。除此之外，还有八条（第二十一条、第二十二条、第二十四条、第二十五条、第二十七条、第二十八条、第二十九条、第三十三条）就委托评估与其他确定财产处置参考价方式共同存在的问题进行了统一的规定。前后共计18条，从评估机构名单库的建立到评估机构的选定规则、从法院委托到评估机构出具评估报告、从异议的提出到审查处理、从评估结果的采纳到评估费用的计付等一系列问题，对委托评估进行了全面的规定，形成了一整套的委托评估新规则。委托评估的新规则主要包括：1. 由全国性行业协会制定标准，并审查通过后，再推荐给最高人民法院建立人民法院司法评估机构

名单库。之所以这样确定，一是考虑到最高人民法院、全国性行业协会与评估机构没有利益关系，且不受地方影响，避免廉政风险的问题；二是考虑到由最高人民法院通过系统对名单库中评估机构的司法评估工作进行管理，承办人可以对评估机构的相关工作进行评价，每年系统会对评估机构进行综合评定，对符合除名条件的，商请全国性行业协会不得再将其推荐进名单库，从而加强对委托评估工作的监管。2. 可以通过当事人协商确定或者人民法院摇号（系统自动进行）两种方式确定评估机构，且一次确定三家评估机构及顺序。最高人民法院研发了全国法院询价评估系统，在选定评估机构时，全国法院都是一个摇号规则，且由系统自动完成，并全程记录，防止人工干预和暗箱操作。3. 人民法院首先委托顺序在先的评估机构进行评估。4. 评估期限为三十日，可以延长两次，每次不得超过十五日。5. 评估机构未在期限内出具评估报告或者补正说明，又未申请延期的，人民法院就应当通知其退回委托材料，并委托下一顺序的评估机构重新进行评估。6. 当事人、利害关系人认为评估报告财产基本信息错误、超出财产范围或者遗漏财产、评估机构或者评估人员不具备相应评估资质、评估程序严重违法，提出异议的，人民法院参照民事诉讼法第二百二十五条的规定处理。7. 当事人、利害关系人在规定的期限内对评估报告的参照标准、计算方法或者评估结果等提出书面异议，评估机构未按期作出说明或者当事人、利害关系人对作出的说明仍有异议的，交由相关行业协会进行专业技术评审。8. 财产处置成交的，评估费用采取就低不就高的原则；财产处置未成交的，评估费用采取实际支出的原则。9. 人民法院撤回委托评估的，评估费用按实际支出计付；因超过评估结果有效期，需要原评估机构重新出具评估报告的，重新评估的费用按照原评估费用的30%计付；因评估机构的原因，被人民法院通知退回委托资材的，不计付评估费用。《确定参考价规定》不但规定了委托评估的办理程序，还规定了办理期限和要求，具有较强的指导性和可操作性。

亮点五：在送达的基础上，创设了公示发送定向询价、网络询价、委托评估报告的新方式

《执行中拍卖、变卖规定》第六条规定，人民法院收到评估机构作出的评估报告后，应当在五日内将评估报告发送当事人及其他利害关系人。当事人或者其他利害关系人对评估报告有异议的，可以在收到评估报告后十日内以书面

形式向人民法院提出。这里虽然规定了要发送评估报告，收到评估报告后可以提出异议，但是，以什么方式发送，以什么标准判断为收到，都没有明确的规定。执行实践中，有相当多的被执行人为了逃避执行，跟法院“玩失踪”，打电话不接、住址又没人，造成法院无法送达，只能公告，时间长，严重影响财产处置效率。《确定参考价规定》第二十一条规定，人民法院收到定向询价、网络询价、委托评估、说明补正等报告后，应当在三日内发送给当事人及利害关系人。当事人、利害关系人已提供有效送达地址的，人民法院应当将报告以直接送达、留置送达、委托送达、邮寄送达或者电子送达的方式送达；当事人、利害关系人下落不明或者无法获取其有效送达地址，人民法院无法按照前述规定送达的，应当在中国执行信息公开网上予以公示，公示满十五日即视为收到。从这一条可以看出，《确定参考价规定》不但确定了两种发送方式，并且限定了条件、明确了标准。一种发送方式是送达。只要是当事人、利害关系人已提供有效送达地址的，人民法院就应当以直接送达、留置送达、委托送达、邮寄送达或者电子送达的方式送达。另一种发送方式是公示。当事人、利害关系人下落不明或者无法获取其有效送达地址，人民法院无法采取直接送达、留置送达、委托送达、邮寄送达或者电子送达的方式送达的，应当在中国执行信息公开网上予以公示，公示满十五日即视为收到。两种方式从两个方面解决目前各类报告送达难的问题，既规范了人民法院的发送行为，又解决了被执行人难寻导致公告送达期过长的问题。

亮点六：新增了网络询价费、委托评估费用的负担和计付标准

《确定参考价规定》明确了四种确定财产处置参考价的方式，每种方式是否收费以及费用的计付标准均不相同。《确定参考价规定》第三十一条、第三十二条、第三十三条，明确规定了网络询价和委托评估的费用的计付标准和费用的负担。1. 当事人议价和定向询价两种方式均无须费用。当事人议价，不借助第三方，无须任何费用，除法定采取委托评估方式外，任何财产都可以通过议价的方式确定处置参考价，只要不损害他人合法权益即可。因此，具有便捷高效、争议少、零费用的特点。由于只有财产有计税基准价、政府定价或者政府指导价时，才可以采取定向询价的方式，所以尽管定向询价的权威性和可信度高，鉴于其局限性，不适用于所有的财产。2. 网络询价按次计付费用。无论有多少家司法网络询价平台进行询价，这一份费用只给出具的网络询价结

果与财产处置成交价最接近的一家或者几家网络询价平台。未按期出具网络询价报告或进行补充说明，人民法院因此委托评估的，网络询价不计付费用。3.委托评估的费用采取就低不就高的原则。财产处置成交价高于评估价的，以评估价为基准计算评估费用；财产处置成交价低于评估价的，以成交价为基准计算评估费用；财产处置未成交的，按照合理的实际支出计算评估费用；重新评估的，按照原评估费用的30%计算评估费用；因评估机构未按期出具评估报告，又不申请延期，评估机构或者评估人员不具备相应评估资质，评估程序严重违法等，人民法院另行委托评估的，原评估机构不计付费用。《确定参考价规定》明确规定网络询价费及委托评估费由申请执行人先行垫付，由被执行人负担，并且确定了申请执行人可以通过投保的方式解决费用的垫付问题。通过引入保险机制，解决因无人支付评估费用影响委托评估效率，甚至造成无法委托评估的问题。

亮点七：以提高效率为原则，明确规定了确定财产处置参考价过程中各个环节的办理期限

之前的司法解释只规定了人民法院给当事人发送评估报告和当事人提出书面异议的期限。为了提高财产处置的效率，规范执行工作，《确定参考价规定》第一条、第十一条、第十二条、第十九条、第二十条、第二十一条、第二十二条、第二十三条、第二十七条、第三十条，共计10条对确定财产处置参考价工作中的期限进行了明确规定，从启动确定财产处置参考价程序到询价、评估，从异议的提出到拍卖、变卖程序的启动，涵盖了确定财产处置参考价的各个环节，将财产查控与财产变价紧紧衔接在一起。与之前的司法解释相比较，主要有两方面的重大变化。1. 对原来没有规定时限的问题，《确定参考价规定》进行明确规定，主要包括启动确定财产处置参考价的期限、网络询价的期限、委托评估的期限、启动财产变价程序的期限等。这里值得注意的有两个期限，一是启动确定财产处置参考价的期限；另一个是启动财产变价程序的期限。《确定参考价规定》第一条规定，人民法院查封、扣押、冻结财产后，对需要拍卖、变卖的财产，应当在三十日内启动确定财产处置参考价程序。第三十条规定，人民法院应当在参考价确定后十日内启动财产变价程序。拍卖的，参照参考价确定起拍价；直接变卖的，参照参考价确定变卖价。之所以这样规定，主要是为了解决查封财产长期不处置的问题，这也是人民群众反映最为强烈的问题之一。2. 对原来规定了时限的问题，《确定参考价规定》明确缩短了期限：一是向当事人及利害关系人发送定向询价、网络询价、委托评估、说明补正等报告的期限从 5 日内缩短到 3 日内；二是当事人、利害关系人提出异议的期限从 10 日内缩短到 5 日内。以上关于期限的规定，都充分体现了《确定参考价规定》效率优先的原则。

亮点八：由最高人民法院建设全国法院统一使用的询价评估系统

《确定参考价规定》第三十四条规定，最高人民法院建设全国法院询价评估系统。询价评估系统与定向询价机构、司法网络询价平台、全国性评估行业协会的系统对接，实现数据共享。询价评估系统应当具有记载当事人议价、定向询价、网络询价、委托评估、摇号过程等功能，并形成固化数据，长期保存、随案备查。由最高人民法院建设全国法院统一使用的系统，一是可以统一全国法院确定财产处置参考价工作的标准，规范执行行为；二是统一委托评估的摇号规则，防止暗箱操作；三是加强对评估机构和司法网络询价平台的监管，违反规定的，按照规定除名；四是避免各地法院重复建设，节省司法资源。将确定财产处置参考价工作从线下改为线上，用系统统一规则，用系统规范行为，用系统监督管理，极大地提高了人民法院确定财产处置参考价工作的公开、透明度，对解决传统评估中存在的暗箱操作、权力寻租等人民群众关切的问题具有十分重要的意义。按照最高人民法院通知的要求，在《确定参考价规定》施行后，建立司法网络询价平台名单库、人民法院司法评估机构名单库和询价评估系统上线前，需要采取网络询价或者委托评估方式确定财产处置参考价的，在选定、委托网络询价平台或者评估机构时，可以暂时沿用本地现有做法或者模式，但其他相关工作应当严格按照《确定参考价规定》执行。询价评估系统将与执行案件、网络查控、失信惩戒、网络拍卖、限制消费、指挥管理等系统形成一整套完整的人民法院执行工作信息化系统。该系统的上线，将实现执行案件从登记立案到财产查控、从确定参考价到网络拍卖、从款物发放到案件报结的全程留痕、全程公开、全程监管。《确定参考价规定》的施行、询价评估系统的上线，必将使人民法院的执行工作更加规范、更加公开、更加高效、更加公正。

近年来，人民法院为“用两到三年时间基本解决执行难”采取了一系列重要措施，特别是利用现代信息技术，建立网络化的执行查控系统，基本化解了查人找物难题；建立网络拍卖制度和系统，基本化解了财产处置变现难题。《确定参考价规定》的施行，解决了确定财产处置参考价这一影响网拍效率和透明度的瓶颈问题，积极回应人民群众的新期待和新要求，进一步规范了人民法院确定财产处置参考价行为；《确定参考价规定》的施行，对于提高财产处置效率，降低确定财产处置参考价成本，减轻当事人的费用负担以及提高评估各环节公开性、公正性均具有十分重要的意义，最大限度地保护当事人合法权益，提高人民群众的获得感。

[部门规章、部门规章性文件与解读]

国家互联网信息办公室

金融信息服务管理规定

(2018 年 12 月 26 日)

第一条 为加强金融信息服务内容管理，提高金融信息服务质量，促进金融信息服务健康有序发展，保护自然人、法人和非法人组织的合法权益，维护国家安全和公共利益，根据《中华人民共和国网络安全法》《互联网信息服务管理办法》《国务院关于授权国家互联网信息办公室负责互联网信息内容管理工作的通知》，制定本规定。

第二条 在中华人民共和国境内从事金融信息服务，应当遵守本规定。

本规定所称金融信息服务，是指向从事金融分析、金融交易、金融决策或者其他金融活动的用户提供可能影响金融市场的信息和/或者金融数据的服务。该服务不同于通讯社服务。

第三条 国家互联网信息办公室负责全国金融信息服务的监督管理执法工作，地方互联网信息办公室依据职责负责本行政区域内的金融信息服务的监督管理执法工作。

第四条 金融信息服务提供者从事互联网新闻信息服务、法定特许或者应予以备案的金融业务应当取得相应资质，并接受有关主管部门的监督管理。

第五条 金融信息服务提供者应当履行主体责任，配备与服务规模相适应的管理人员，建立信息内容审核、信息数据保存、信息安全保障、个人信息保护、知识产权保护等服务规范。

第六条 金融信息服务提供者应当在显著位置准确无误注明信息来源，并确保文字、图像、视频、音频等形式的金融信息来源可追溯。

第七条 金融信息服务提供者应当配备相关专业人员，负责金融信息内容的审核，确保金融信息真实、客观、合法。

第八条 金融信息服务提供者不得制作、复制、发布、传播含有下列内容的信息：

（一）散布虚假金融信息，危害国家金融安全以及社会稳定的；

（二）歪曲国家财政货币政策、金融管理政策，扰乱经济秩序、损害国家利益的；

（三）教唆他人商业欺诈或经济犯罪，造成社会影响的；

（四）虚构证券、基金、期货、外汇等金融市场事件或新闻的；

（五）宣传有关主管部门禁止的金融产品与服务的；

（六）法律、法规和规章禁止的其他内容。

第九条 金融信息服务提供者应当自觉接受用户监督，设置便捷投诉窗口，及时妥善处理投诉事宜，并保存有关记录。

第十条 金融信息服务使用者发现金融信息服务提供者所提供的金融信息含有本规定第八条所列内容的，可以向国家或地方互联网信息办公室举报。

第十一条 金融信息服务提供者发现含有本规定第八条所列信息内容的，应当立即终止传输、禁止使用和停止传播该信息内容，及时采取处置措施，消除相关信息内容，保存完整记录并向国家或地方互联网信息办公室报告。

第十二条 国家和地方互联网信息办公室应当建立日常检查和定期检查相结合的监督管理制度，依法对金融信息服务活动实施监督检查，有关单位、个人应当予以配合。

第十三条 金融信息服务使用者向社会传播金融信息服务提供者提供的金融信息中含有本规定第八条所列内容的，由国家或地方互联网信息办公室以及有关主管部门依法处罚。

第十四条 金融信息服务提供者违反本规定第五条、第六条、第七条、第八条、第九条规定的，由国家或地方互联网信息办公室依据职责进行约谈、公开谴责、责令改正、列入失信名单；依法应当予以行政处罚的，由国家或地方互联网信息办公室等有关主管部门给予行政处罚；构成犯罪的，依法追究刑事责任。

第十五条 国家和地方互联网信息办公室根据工作需要，与有关主管部门建立金融信息服务情况通报、信息共享等工作机制，对违法违规行为实施联合惩戒。

第十六条 鼓励金融信息服务提供者建立行业自律组织，制定服务规范，推动行业信用体系建设，促进行业健康有序发展。

第十七条 本规定自2019年2月1日起施行。

网信办负责人就《国家互联网信息办公室金融信息服务管理规定》答记者问

国家互联网信息办公室2018年12月26日公布《金融信息服务管理规定》（以下简称《规定》），国家互联网信息办公室有关负责人就《规定》相关问题回答记者提问。

一、请您介绍一下《规定》出台的背景。

答：2009年以来，依据《外国机构在中国境内提供金融信息服务管理规定》，相关部门对外国机构在中国境内提供金融信息服务实行许可管理。近年来，国内金融信息服务机构也在快速发展，一些机构内容把关不严，炒作金融市场风险、发布敏感市场信息、歪曲金融监管政策，对经济金融稳定带来冲击，亟待规范。金融信息服务对提升金融业水平，推动经济发展具有重要作用，制定出台《金融信息服务管理规定》旨在加强金融信息服务内容管理，提高金融信息服务质量，促进金融信息服务健康有序发展，保护自然人、法人和非法人组织的合法权益，维护国家安全和公共利益。

二、请问金融信息服务的概念是怎么界定的？

答：《规定》明确，金融信息服务是指向从事金融分析、金融交易、金融决策或者其他金融活动的用户提供可能影响金融市场的信息和/或者金融数据的服务。该服务不同于通讯社服务。这一概念延续了2009年《外国机构在中国境内提供金融信息服务管理规定》的提法，且这一定义是中美、中欧、中加在WTO框架下磋商确定的，施行多年且为各方普遍接受。

三、请问《规定》的定位是什么？

答：《规定》是规范性文件，侧重内容管理，主要是对金融信息服务机构的信息内容和相关行为明确具体要求。

金融信息服务不同于互联网新闻信息服务，它的主要服务对象是机构和特定投资者，即“特定用户”，而不是社会大众。金融信息服务主要是提供包括信息和数据在内的金融信息业务服务，而不是直接提供存贷款、证券交易、购买保险、基金交易、债券交易、外汇买卖等金融业务服务。

四、金融信息服务机构从事互联网新闻信息服务、金融业务需要申请许可吗？

答：《规定》明确，金融信息服务提供者从事互联网新闻信息服务、法定特许或者应予以备案的金融业务应当取得相应资质，并接受有关主管部门的监督管理。

五、金融信息服务与互联网是什么关系？

答：金融信息服务通过各种通讯方式传输金融信息，从纸质材料传输到电话线传输，再到互联网传输，根据不同情况会选择最有利的传输方式。因此，互联网仅是金融信息服务信息传输的方式之一。

六、请问《规定》与《外国机构在中国境内提供金融信息服务管理规定》是什么关系？

答：《外国机构在中国境内提供金融信息服务管理规定》是部门规章，是对外国机构在中国境内提供金融信息服务进行规范，许可管理是其显著特点。《规定》是规范性文件，侧重金融信息服务机构的内容管理及行为管理，部分条款是对《外国机构在中国境内提供金融信息服务管理规定》的细化。《规定》出台不影响《外国机构在中国境内提供金融信息服务管理规定》法律效力，两者并行不悖相互补充。

七、《规定》对金融信息服务的信息内容提出了哪些要求？

答：在相关法律法规要求基础上，《规定》明确金融信息服务提供者不得制作、复制、发布、传播下列内容的信息：散布虚假金融信息，危害国家金融安全以及社会稳定的；歪曲国家财政货币政策、金融管理政策，扰乱经济秩序、损害国家利益的；教唆他人商业欺诈或经济犯罪，造成社会影响的；虚构证券、基金、期货、外汇等金融市场事件或新闻的；宣传有关主管部门禁止的金融产品与服务的；法律、法规和规章禁止的其他内容。

八、《规定》明确了哪些处罚措施?

答:《规定》明确，金融信息服务提供者违反《规定》第五条、第六条、第七条、第八条、第九条规定的，由国家或地方互联网信息办公室依据职责进行约谈、公开谴责、责令改正、列入失信名单；依法应当予以行政处罚的，由国家或地方互联网信息办公室等有关主管部门给予行政处罚；构成犯罪的，依法追究刑事责任。同时强调，国家和地方互联网信息办公室根据工作需要，与有关主管部门建立金融信息服务情况通报、信息共享等工作机制，对违法违规行为实施联合惩戒。

来源：中国网信网

国家税务总局

关于简化小型微利企业所得税年度纳税申报有关措施的公告

2018 年 12 月 17 日　　　　国家税务总局公告 2018 年第 58 号

为切实减轻小型微利企业纳税申报负担，根据《国家税务总局关于进一步深化税务系统“放管服”改革优化税收环境的若干意见》（税总发〔2017〕101 号）有关精神，现就实行查账征收企业所得税的小型微利企业（以下简称“小型微利企业”）填报《中华人民共和国企业所得税年度纳税申报表（A 类，2017 年版）》（国家税务总局公告 2017 年第 54 号发布，国家税务总局公告 2018 年第 57 号修订）有关事项公告如下：

一、《中华人民共和国企业所得税年度纳税申报表（A 类）》（A100000）为小型微利企业必填表单。

二、《企业所得税年度纳税申报基础信息表》（A000000）中的“基本经营情况”为小型微利企业必填项目；“有关涉税事项情况”为选填项目，存在或者发生相关事项时小型微利企业必须填报；“主要股东及分红情况”为小型微利企业免填项目。

三、小型微利企业免于填报《一般企业收入明细表》（A101010）、《金融企业收入明细表》（A101020）、《一般企业成本支出明细表》（A102010）、《金融企业支出明细表》（A102020）、《事业单位、民间非营利组织收入、支出明细表》（A103000）、《期间费用明细表》（A104000）。

上述表单相关数据应当在《中华人民共和国企业所得税年度纳税申报表（A类）》（A100000）中直接填写。

四、除本公告第一条、第二条、第三条规定的表单、项目外，小型微利企业可结合自身经营情况，选择表单填报。未发生表单中规定的事项，无需填报。

五、本公告所称小型微利企业，是指符合《中华人民共和国企业所得税法》及其实施条例、《财政部 税务总局关于进一步扩大小型微利企业所得税优惠政策范围的通知》（财税〔2018〕77号）等规定的企业。上述政策规定发生调整的，按照最新政策规定执行。

六、本公告适用于小型微利企业2018年度及以后年度企业所得税汇算清缴纳税申报。

特此公告。

解读——

《国家税务总局关于简化小型微利企业所得税年度纳税申报有关措施的公告》

近日，税务总局发布了《国家税务总局关于简化小型微利企业所得税年度纳税申报有关措施的公告》（以下简称《公告》）。现解读如下：

一、有关背景

2018年，为落实企业所得税有关政策，税务总局对《中华人民共和国企业所得税年度纳税申报表（A类，2017年版）》［以下简称《年度纳税申报表（A类，2017年版）》］进行了修订。为进一步优化营商环境，减轻小型微利企业纳税申报负担，根据《国家税务总局关于进一步深化税务系统“放管服”改革优化税收环境的若干意见》（税总发〔2017〕101号）有关精神，税务总局发布《公告》，推出简化小型微利企业年度纳税申报措施。

二、主要内容

（一）适用范围

《公告》适用于实行查账征收方式的小型微利企业。小型微利企业应符合《中华人民共和国企业所得税法》及实施条例、《财政部 税务总局关于进一步扩大小型微利企业所得税优惠政策范围的通知》（财税〔2018〕77号）等文件规定的相关条件。上述政策规定如进行调整，按照最新政策规定执行。

（二）简化措施

1. 简化《企业所得税年度纳税申报基础信息表》（A000000）填报。小型微利企业原则上仅需要填报《企业所得税年度纳税申报基础信息表》（A000000）中的“基本经营情况”项目中的10个数据项；“有关涉税事项情况”项目中的数据项为选填内容，只有当小型微利企业发生这类事项时才需要填报；免于填报“主要股东及分红情况”项目中的数据项。

2. 免于填报《一般企业收入明细表》（A101010）等6张表单。《中华人民共和国企业所得税年度纳税申报表（A类）》（A100000）中的“营业收入”“营业成本”“税金及附加”“销售费用”“管理费用”“财务费用”“资产减值损失”“公允价值变动收益”“投资收益”“营业外收入”“营业外支出”项目，按照申报表体系的设计要求，应当通过填报《一般企业收入明细表》（A101010）、《金融企业收入明细表》（A101020）、《一般企业成本支出明细表》（A102010）、《金融企业支出明细表》（A102020）、《事业单位、民间非营利组织收入、支出明细表》（A103000）、《期间费用明细表》（A104000）等附表后汇总生成。为减轻小型微利企业填报负担，《公告》规定小型微利企业免于填报相关附表，可直接将相关项目金额填入《中华人民共和国企业所得税年度纳税申报表（A类）》（A100000）中的相应行次。

3. 明确其他表单填报规则。除《公告》第一条、第二条、第三条中规定的表单外，如未发生其他事项，小型微利企业无须填报其他表单。

由于《中华人民共和国企业所得税年度纳税申报表（A类）》（A100000）是企业所得税年度纳税申报的主表，企业所得税年度汇算清缴的结果主要是通过该表计算的，因此，小型微利企业仍需填报该表。

三、实施时间

《公告》适用于小型微利企业2018年度及以后年度企业所得税汇算清缴纳税申报。以前年度企业所得税年度纳税申报表相关规则与本《公告》不一致的，不追溯调整。纳税人调整以前年度涉税事项的，按照相应年度的企业所得税年度纳税申报表相关规则调整。

来源：国家税务总局网站

国家税务总局
关于自然人纳税人识别号有关事项的公告

2018年12月17日　　国家税务总局公告2018年第59号

根据新修改的《中华人民共和国个人所得税法》，为便利纳税人办理涉税业务，现就自然人纳税人识别号有关事项公告如下：

一、自然人纳税人识别号，是自然人纳税人办理各类涉税事项的唯一代码标识。

二、有中国公民身份号码的，以其中国公民身份号码作为纳税人识别号；没有中国公民身份号码的，由税务机关赋予其纳税人识别号。

三、纳税人首次办理涉税事项时，应当向税务机关或者扣缴义务人出示有效身份证件，并报送相关基础信息。

四、税务机关应当在赋予自然人纳税人识别号后告知或者通过扣缴义务人告知纳税人其纳税人识别号，并为自然人纳税人查询本人纳税人识别号提供便利。

五、自然人纳税人办理纳税申报、税款缴纳、申请退税、开具完税凭证、纳税查询等涉税事项时应当向税务机关或扣缴义务人提供纳税人识别号。

六、本公告所称“有效身份证件”，是指：

（一）纳税人为中国公民且持有有效《中华人民共和国居民身份证》（以下简称“居民身份证”）的，为居民身份证。

（二）纳税人为华侨且没有居民身份证的，为有效的《中华人民共和国护照》和华侨身份证明。

（三）纳税人为港澳居民的，为有效的《港澳居民来往内地通行证》或《中华人民共和国港澳居民居住证》。

（四）纳税人为台湾居民的，为有效的《台湾居民来往大陆通行证》或《中华人民共和国台湾居民居住证》。

（五）纳税人为持有有效《中华人民共和国外国人永久居留身份证》（以下简称永久居留证）的外籍个人的，为永久居留证和外国护照；未持有永久居留证但持有有效《中华人民共和国外国人工作许可证》（以下简称工作许可证）的，为工作许可证和外国护照；其他外籍个人，为有效的外国护照。

本公告自2019年1月1日起施行。

特此公告。

解读——

《国家税务总局关于自然人纳税人识别号有关事项的公告》

为贯彻落实新修改的《中华人民共和国个人所得税法》，国家税务总局发布了《关于自然人纳税人识别号有关事项的公告》（以下简称《公告》），现将有关内容解读如下：

一、发布《公告》的背景

自然人纳税人识别号是自然人纳税人办理各类涉税事项的唯一代码标识，也是税务机关开展征管工作的基础。为进一步梳理办事流程，明确事项要求，全面提升纳税服务质量，在充分征求各方的意见建议的基础上，国家税务总局制定了《公告》。

二、《公告》的具体事项

《公告》围绕有无中国公民身份号码的两种情形，对不同身份纳税人所对应的有效身份证件作出了具体说明，同时对纳税人识别号的用途、办理的途径以及《公告》的实施时间进行了明确，具体如下：

（一）明确了自然人纳税人识别号是自然人纳税人办理各类涉税事项的唯一代码标识。

（二）明确了自然人纳税人办理纳税人识别号的时间、渠道及所需资料。即在首次办理涉税事项时，纳税人应向税务机关或扣缴义务人提供有效身份证件及相关信息。

（三）明确了税务机关应当在赋予自然人纳税人识别号后告知或者通过扣缴义务人告知纳税人其纳税人识别号，并为自然人纳税人查询本人纳税人识别号提供便利。

（四）列举了纳税人识别号的具体用途。如自然人纳税人用以办理纳税申报、税款缴纳、申请退税、开具完税凭证、纳税查询等涉税事项。

（五）根据不同的身份类型对“有效身份证件”做了具体阐述。如持有中华人民共和国居民身份证的中国公民，其有效身份证件为居民身份证；没有中华人民共和国居民身份证的华侨，其有效身份证件为有效的中华人民共和国护照和华侨身份证明；港澳居民，其有效身份证件为港澳居民来往内地通行证或中华人民共和国港澳居民居住证；台湾居民，其有效身份证件为台湾居民来往大陆通行证或中华人民共和国台湾居民居住证，同时又明确了存在多种有效身份证件的情况下，应提供有效身份证件的优先层级，如纳税人为外籍个人且持有有效的中华人民共和国外国人永久居留身份证的，为永久居留证和外国护照；未持有永久居留证但持有有效的中华人民共和国外国人工作许可证的自然人，为工作许可证和外国护照；其他外籍自然人，为外国护照。

三、《公告》施行时间

本公告自2019年1月1日起施行。

来源：国家税务总局网站

财政部

关于印发《代理记账行业协会管理办法》的通知

2018 年 11 月 13 日　　财会〔2018〕32 号

各省、自治区、直辖市、计划单列市财政厅（局），新疆生产建设兵团财政局：

为加强代理记账行业协会管理，规范代理记账行业协会行为，根据《代理记账管理办法》及国家有关规定，我部制定了《代理记账行业协会管理办法》，现予印发，请遵照执行。

代理记账行业协会管理办法

第一章　总　　则

第一条　为加强代理记账行业协会管理，规范代理记账行业协会行为，根据《代理记账管理办法》及国家有关规定，制定本办法。

第二条　本办法所称的代理记账行业协会（以下简称行业协会）是指由依法取得代理记账资格、从事代理记账业务的机构（以下简称代理记账机构）自愿发起，依法成立的非营利性法人。

第三条　行业协会应当加强行业诚信自律建设和会员服务，督促会员执业质量、职业道德，协调行业内、外部关系，维护社会公众利益、优化公平竞争环境、确保会员合法权益，促进行业健康有序发展。

第四条 行业协会应当遵循自主办会的原则，依据经登记管理机关核准的行业协会章程，实行会务自理、经费自筹、自律管理、自我服务，并使会员享有平等的权利和义务。

第五条 行业协会的活动应当符合国家法律法规以及行业的整体要求，不得损害社会公共利益。

第六条 行业协会应当加强党的组织建设，宣传和执行党的路线方针政策，领导本协会工会、共青团、妇联等群团组织，教育引导党员，团结凝聚群众，推动事业发展。

第七条 行业协会的负责人包括会长（理事长）、副会长（副理事长）、秘书长，其设立及人员配备应当符合国家有关规定。

第八条 行业协会应当依据有关法律法规及行业协会章程，建立健全法人治理结构及运行机制，完善各项内部管理制度，规范议事规则和工作程序。

行业协会不得限制会员开展正当的经营活动或参与其他社会活动；不得在会员之间实施歧视性政策。

第九条 县级以上地方人民政府财政部门是本地区行业协会的行业管理部门，应当加强对行业协会的业务指导和日常监管，引导行业协会健康发展。

跨行政区域的行业协会，由其登记管理机关的同级财政部门作为其行业管理部门。

第二章 自律管理和自我服务

第十条 行业协会应当加强下列自律管理：

（一）研究制定本协会的自律规约和职业道德准则；

（二）推行会员信用承诺，开展会员信用评价，建立健全会员信用档案；

（三）加强会员信用信息共享和应用，实行信息公开并自觉接受社会公众和会员的监督；

（四）督促指导会员遵守国家统一的会计制度；

（五）对违反国家法律法规、行业协会章程、自律规约和职业道德的会员进行惩戒；

（六）采取其他有助于本行业健康发展的自律措施。

第十一条 行业协会可以按照国家有关规定，协调相关市场主体共同制定满足市场和创新需要的执业规范和标准。行业协会制定的执业规范和标准应当符合国家法律法规及国家统一的会计制度的规定。

行业协会制定的执业规范和标准由本协会会员约定采用。

第十二条 行业协会应当建立健全行业诚信激励和失信惩戒机制，对遵纪守法、诚信执业并受到社会广泛认可的会员，行业协会可以给予奖励；对违反国家法律法规、行业协会章程、行业规范，严重损害行业整体形象的会员，行业协会应当按照行业协会章程、行业规范进行处理，并在有关处理决定作出后的15个工作日内向行业管理部门备案。

第十三条 行业协会应当做好会员服务，在政策咨询、法律维权、人员培训、经验交流、市场拓展、信息化建设等方面向会员提供必要的支持和便利。

第十四条 行业协会应当切实维护会员和行业的合法权益，向政府有关部门及时反映行业诉求。

第十五条 行业协会应当规范行业发展秩序，发挥专业调解作用，就行业经营活动中产生的争议事项制定具体的处置规则和程序，并可以对以下争议事项进行调解：

（一）会员之间的争议事项；

（二）会员与同业非会员单位之间的争议事项；

（三）会员与委托客户之间的争议事项；

（四）会员与其他经济组织之间的争议事项。

第三章 财务管理

第十六条 行业协会应当加强财务管理和内部控制建设，建立健全财务管理制度，经费使用应当符合行业协会章程规定的范围。

第十七条 行业协会的会费应当按照《社会团体登记管理条例》和行业协会章程的规定收取。

会费的收取、使用应当接受会员代表大会和有关部门的监督，任何组织或者个人不得侵占、私分和挪用。

第十八条 行业协会资产管理和使用应当按照行业协会章程和财务管理制度执行。重大资产配置、处置应当经过会员代表大会、理事会审议。

第十九条 行业协会应当严格按照《中华人民共和国会计法》等法律法

规以及《民间非营利组织会计制度》等规定，建立健全本协会的会计核算办法，依法进行会计核算，编制财务会计报告。

行业协会的年度财务会计报告应当按照国家有关规定，委托会计师事务所进行审计。

第四章　指导与监督

第二十条　行业管理部门应当加强对管辖区域内行业协会的政策和业务指导，建立健全工作联系机制，加强备案管理，监督、指导行业协会遵守国家法律法规和有关政策，依据行业协会章程开展活动。

第二十一条　登记管理机关准予登记的，行业协会应当在完成注册登记后的 15 个工作日内，向行业管理部门提交以下备案材料：

（一）行业协会负责人、理事、会员等的基本情况；

（二）行业协会章程、会费管理办法；

（三）《社会团体法人登记证书》相关信息。

第二十二条　行业协会应当于每年完成向登记管理机关报送年度工作报告后的 15 个工作日内，向同级行业管理部门报送年度工作报告。

第二十三条　登记管理机关准予变更登记或准予注销的，行业协会应当在办理完成后的 15 个工作日内，向行业管理部门进行备案。

第二十四条　行业协会进行换届、更换法定代表人，应当进行财务审计，并在取得审计报告后的 15 个工作日内将审计报告报送行业管理部门备案。

第二十五条　行业协会应当依法履行对年度工作报告、经审计的年度财务会计报告等信息的公开义务。

第二十六条　行业管理部门在制定涉及行业利益的政策措施、行业规范和标准时，应当发挥行业协会的职能作用，主动听取行业协会关于行业发展的意见和建议。

第二十七条　行业管理部门应当依法加强对行业协会活动的监管，定期对行业协会执行行业协会章程、开展自律管理、自我服务以及财务管理等情况进行监督检查。

第二十八条　行业管理部门应当鼓励和支持行业协会开展行业人才建设工作，积极提升行业从业人员的职业技能和道德水平。

第二十九条 行业管理部门对代理记账机构实施监管时，应当主动核实并运用行业协会的自律管理、信用档案、激励惩戒等信息，对违反《中华人民共和国会计法》以及国家统一的会计制度等法律法规的行为，应当及时依据有关法律法规进行处理。

第三十条 行业协会违反行业协会章程，造成恶劣社会影响的，行业管理部门应当及时进行约谈，责令其限期改正；逾期不改正的，列入重点关注名单，并向社会公示；同时违反国家有关规定，情节严重的，依据有关法律法规进行处理。

第三十一条 行业协会未按照本办法第十二条、第二十一条、第二十二条、第二十三条、第二十四条的规定按时报送相关材料的，由行业管理部门进行约谈，并责令其限期改正；逾期不改正的，列入重点关注名单，并向社会公示。

第三十二条 行业协会未按照本办法第二十五条的规定依法履行信息公开义务的，由行业管理部门进行约谈，并责令其限期改正；逾期不改正的，列入重点关注名单，并向社会公示；情节严重的，依据有关法律法规进行处理。

第三十三条 行业管理部门及其工作人员在监管过程中，滥用职权、玩忽职守、徇私舞弊的，依法给予行政处分；涉嫌犯罪的，移送司法机关处理。

第五章 附 则

第三十四条 本办法自2019年1月1日起施行。

财政部会计司有关负责人就出台《代理记账行业协会管理办法》答记者问

为适应“放管服”改革新形势下社会管理的总体要求，促进代理记账行业协会健康有序发展，切实规范代理记账行业协会行为，财政部印发《代理记账行业协会管理办法》（财会〔2018〕32号）（以下简称《管理办法》），并于2019年1月1日起施行。近日，财政部会计司有关负责人就《管理办法》回答了记者提问。

问：请介绍制定出台《管理办法》的背景和必要性。

答：（一）制定出台《管理办法》是适应行政审批制度改革后政府后续监管的客观需要。党中央、国务院作出深化行政审批制度改革的战略部署以来，代理记账业务审批经历了前置审批—后置审批—宽进严管的发展阶段，《代理记账管理办法》（财政部令第80号）明确和规范了后置审批模式下的代理记账审批流程和管理要求。2018年6月28日，李克强总理在全国深化“放管服”改革转变政府职能电视电话会议上强调：“以创新监管管出公平和秩序。在放权的同时，事中事后监管这一手段必须硬起来。不断提高监管效能，使市场活而不乱。健全以信用监管为基础的新型监管机制。”为确保“宽进”后的代理记账机构及时纳入监管视野，必须建立与“宽进严管”相配套的后续监管机制。为此，对于自发成立的行业协会，在作为登记管理机关的民政部门适当放宽对行业协会的前置审批管理的同时，作为行业管理部门的财政部门，应当相应加强对行业协会的事中事后监管，这本身就是落实国家“放管服”改革要求的应有之意。

（二）制定出台《管理办法》是顺应行业协会综合监管模式的客观需要。中办《关于改革社会组织管理制度促进社会组织健康有序发展的意见》以及民政部有关文件提出，国务院和县级以上地方各级人民政府有关行业的管理部门，要将社会组织纳入行业管理，对相应领域社会组织进行政策和业务指导，履行监管职责。2016年，发改委等十部门印发的《行业协会商会综合监管办法》（发改〔2016〕2657号）中明确了行业协会商会综合监管的指导思想，即“构建政府综合监管和协会商会自治的新型治理模式。各行业管理部门要按职能对协会商会进行政策和业务指导，并履行相关监管责任。”为此，在行业协会综合监管模式下，财政部门作为代理记账协会的行业管理部门，其行业监管职责不可缺位。同时，《代理记账管理办法》第二十六条明确规定，“代理记账行业组织应当接受县级以上人民政府财政部门的指导和监督。”为进一步加强财政部门对代理记账行业的监管职责，明确综合监管过程中参与代理记账行业管理不同主体间的关系，有必要通过制定出台相应的制度，界定政府与行业协会之间、政府行业管理和行业协会自律管理之间、行业协会与会员之间等三方面关系。

（三）研究制定《管理办法》是促进行业健康有序发展的客观需要。近年来，代理记账行业发展迅速，全国新设立代理记账机构数量成倍增长，但快速发展的背后也暴露出诸多问题。如：个人代账和无照无证代账等违法违规现象严重，加剧了代理记账行业恶性竞争，损害了代理记账行业整体形象，影响了行业的健康有序发展；代理记账行业准入门槛较低，且缺乏相应的退出机制和行政处罚手段，加大了行业管理部门的监管难度；等等。要妥善解决好这些问题，一方面，需要加强政府直接监管，建立政府部门间综合监管机制，有效维护市场的正常秩序；另一方面，需要加强行业自律管理，通过鼓励代理记账机构自发依法成立行业协会，积极发挥行业协会自律管理和自我服务功能，推动行业执业标准化建设，规范代理记账机构操作流程，提高行业风险防范能力，促进行业健康有序发展。为此，有必要通过制定出台相关制度，赋予行业协会相关职责职能。

（四）制定出台《管理办法》是加强代理记账行业协会管理的客观需要。在“放管服”改革红利的激励下，一些地区先行先试，部分代理记账机构联合起来，纷纷自发成立了省级、市级代理记账行业协会。据民政部社会组织管理官网“中国社会组织公共服务平台”数据显示，截至目前，全国经地方民政部门注册登记的合法代理记账行业协会数量已达60余家。然而，由于缺乏相应的制度规范和政策指导，客观上存在行业协会设立程序不规范、归口管理部门不明确、监管支持引导力度不够、地区间管理差异性较大等问题，一定程度上造成《代理记账管理办法》赋予基层财政部门指导行业协会的职能难以有效发挥，行业协会在新业态下的独特优势和作用不能得到充分显现。在2018年全国“两会”上，李克强总理在政府工作报告中强调，要“促进社会组织健康发展”。为此，有必要通过制定出台相关制度，明确、细化代理记账行业协会职责职能，确保代理记账行业协会发挥其应有的作用。

问：请介绍《管理办法》的起草过程。

答：《管理办法》的制定采取委托研究方式，自2017年初启动前期研究工作，通过1年时间的研究，形成了《管理办法》（征求意见稿）。为确保《管理办法》的科学性和可操作性，2018年3月21—22日，财政部会计司专程赴上海开展调研，听取部分省市财政部门、代理记账行业协会以及代理记账机构的意见和建议。2018年5月，财政部就《管理办法》面向社会公开征求意见，先后收到各方面反馈的修改意见共计73条，并对这些意见建议进行了研究、吸收。近日，财政部就《管理办法》再次进行审议并修改完善。2018年11月13日，《管理办法》正式印发，并于2019年1月1日起施行。

问：请介绍《管理办法》的主要内容。

答：《管理办法》共计5章34条，分为总则、自律管理和自我服务、财务管理、指导与监督、附则。其中，第一章总则共9条，规定了《管理办法》的立法依据、适用范围、行业协会的职责职能及其内部治理的总体要求，并明确了行业协会的行业管理部门；第二章自律管理和自我服务共6条，明确了行业协会自律管理的主要内容、制定执业规范和标准的基本要求、建立激励惩戒机制、自我服务的具体规定；第三章财务管理共4条，对行业协会健全财务管理制度、会费收取、资产管理、审计财务会计报告等提出要求；第四章指导与监督共14条，依据行业管理部门的职能定位明确了行业监管的主要内容、对行业协会的备案管理和信息公开的要求、监督检查的范围以及对违反章程、不按要求备案、不履行信息公开义务的行业协会，进行约谈、责令限期改正、社会公示等惩处措施；第五章附则共1条，规定了《管理办法》的施行时间。

《管理办法》重点规范了以下三方面关系：一是政府与行业协会之间的关系，即县级以上地方人民政府财政部门是本地区行业协会的行业管理部门，按照职能对行业协会进行业务、政策指导，履行相关监管职责，引导行业协会健康发展。二是政府行业管理和行业协会自律管理之间的关系，《管理办法》立足厘清政府行业管理和协会的职能边界，即政府行业管理是通过建立健全工作联系机制，加强备案管理，监督、指导行业协会依法依规依章程开展活动，规范行业协会的自律管理和服务行为；行业协会自律管理，即制定执业规范和标准、开展诚信自律建设、督促指导会员遵守法律法规和国家统一的会计制度并实行奖惩，真正成为治理规范、反映诉求、行为自律的社会组织。力求通过改变目前单一的行政管理方式，促进共治，形成合力，推动形成行业自律和政府监管良性互动的行业监管新模式。三是行业协会与会员之间的关系，即行业协会以服务会员为宗旨，监督会员执业质量、职业道德，维护会员合法权益，并依据其章程和行业规范对会员实行奖惩。

问：财政部对贯彻落实《管理办法》有哪些要求？

答：一是各级财政部门要认真做好政策宣传，抓紧制定完善配套措施。各级财政部门应当加强对《管理办法》的宣传工作，支持所辖地区行业协会有效发挥法定职责职能；要结合本地区实际情况，制定和完善配套的监管措施或办法，强化对所辖地区代理记账行业协会的监督和指导，切实履行相应的监管职责，引导各代理记账行业协会健康发展。

二是各地代理记账行业协会要切实加强自身建设。各地代理记账行业协会要加强对《管理办法》的贯彻落实，组织协会会员加强对《管理办法》的学习领会，并按照《管理办法》的相关要求，做好本行业协会的自律管理和自我服务，发挥行业协会在权益保护、信用评价、信息公开、纠纷处理、失信惩戒等方面的积极作用，按时履行向行业管理部门的报备义务，加强与行业管理部门的沟通和协调，依法依规反映行业发展的合理诉求及问题。

三是建立健全综合监管机制。各级财政部门要切实加强对所辖地区依法成立的代理记账行业协会的日常监管，并注重与民政、税务、审计、人力资源和社会保障等政府部门的沟通协调，积极运用信息公示、信息共享、信用约束等手段，强化部门间信息互联共享机制，健全专业化、协同化、社会化的行业监督管理机制。要加强代理记账行业协会的报备工作，通过全国代理记账机构管理系统，及时掌握代理记账行业协会的基本情况，依法依规进行公示公告，加强对行业发展的前瞻性研究和数据分析，促进代理记账行业健康有序发展。

来源：财政部网站

中国证券监督管理委员会

证券公司大集合资产管理业务适用《关于规范金融机构资产管理业务的指导意见》操作指引

（2018 年 11 月 28 日中国证券监督管理委员会
公告〔2018〕39 号公布　自公布之日起施行）

为落实《关于规范金融机构资产管理业务的指导意见》（银发〔2018〕106 号，以下简称《指导意见》）要求，推进证券公司资产管理业务的规范发展，保护投资者合法权益，根据《证券法》、《证券投资基金法》（以下简称《基金法》）、《指导意见》、《公开募集证券投资基金运作管理办法》（以下简称《运作办法》）等规定，制定本指引。

一、证券公司设立管理的投资者人数不受 200 人限制的集合资产管理计划（以下简称大集合产品）适用本指引，通过专项资产管理计划形式设立的大集合产品参照本指引进行规范。

二、证券公司应当严格遵照《基金法》等公开募集证券投资基金（以下简称公募基金）相关法律、行政法规及中国证监会的规定管理运作大集合产品：

（一）自本指引公布之日起，大集合产品新开展的投资应当遵守公募基金法定投资范围和投资限制，加强投资组合的流动性风险管理，并按照公募基金的有关规定计提风险准备金。

（二）存量大集合资产管理业务应当在 2020 年 12 月 31 日前对标公募基金进行管理，包括但不限于以下方面：

1. 产品销售、份额交易与申购赎回、份额登记、投资运作、估值核算、信息披露、风险准备金计提等要求与公募基金一致；

2. 证券公司应当对照法律法规有关公募基金管理人的要求调整完善合规管理、内部控制、风险管理等制度体系；

3. 证券公司从事大集合产品管理业务的相关高级管理人员与其他从业人员应当遵守公募基金相关法律法规的资质条件与行为要求；

4. 对存量产品已计提业绩报酬事项及中国证监会认定的其他事项，待公募基金相关专项规范等要求出台后，相应进行调整规范；

5. 中国证监会规定的其他事项。

（三）本指引公布后，连续60个工作日投资者不足200人或资产净值低于5000万元的存量大集合产品，应当在过渡期内逐步转为符合法律法规规定的私募资产管理计划，并依法履行备案等程序，或者通过与其他产品合并、终止产品合同等方式予以规范。

证券公司执行本款规定时，应当按照产品合同约定的方式取得投资者和托管人的同意，保障投资者选择退出大集合产品的权利，有效控制流动性风险，对相关后续事项作出公平、合理安排。

（四）大集合产品在未完成前述规范前，应当控制产品规模，非现金管理类大集合产品原则上不得新增净申购额，现金管理类大集合产品不得新增客户。

三、对下列不符合《指导意见》要求的大集合产品，证券公司应当按照《指导意见》第二十九条、《关于进一步明确规范金融机构资产管理业务指导意见有关事项的通知》等有关要求予以规范：

（一）具有滚动发行、集合运作、分离定价等资金池业务特征的大集合产品；

（二）设立份额分级的大集合产品；

（三）中国证监会认定的其他大集合产品。

四、自本指引公布之日起，大集合产品不得新增以下行为：

（一）未完成整改规范前，公开或变相公开募集产品份额；

（二）通过分期发行独立核算子份额等方式变相发起设立新的大集合产品；

（三）违规为大集合产品聘请投资顾问；

（四）未经注册擅自对合同条款进行实质性调整或变更；

（五）法律、行政法规及中国证监会规定的其他事项。

五、在规范过程中，证券公司应当做好以下工作：

（一）按照本指引要求，制定措施合理、进度明确、稳妥有序的大集合产品规范方案，于2018年底前报送住所地中国证监会派出机构；

（二）强化风险控制，制定全面风险评估及应对预案，做实压力测试，切实维护市场安全稳定运行；

（三）大集合产品规范过程中，对于产品持有的、通过各种措施确实难以消化的低流动性资产以及过渡期满仍未到期的资产，在确保公平交易、不损害投资者合法权益的情况下，在履行法律法规及合同约定的必要程序后，允许证券公司以自有资金购买、以存量大集合产品接续、以存量或者新设私募资产管理计划接续等方式妥善处置；

（四）过渡期结束后，对于由于特殊原因而确实难以处置的资产，证券公司应当及时向中国证监会报告。

六、未取得公募基金管理资格的证券公司应按照以下流程，完成大集合产品的规范验收及产品合同变更申请：

（一）证券公司完成规范工作并取得托管人确认后，向住所地中国证监会派出机构提交验收申请文件，中国证监会派出机构对其规范工作进行核查验收，对确已完成规范的大集合产品出具确认函；

（二）取得确认函后，证券公司就该大集合产品向中国证监会提交合同变更申请，合同期限原则上不得超过3年；

（三）大集合产品变更合同前，证券公司应当采用适当的方式征求产品投资者意见，投资者存在异议的，在流动性风险整体可控的前提下，要保障其选择退出大集合产品的权利；

（四）前述程序履行完毕后，大集合产品应按照《基金法》《运作办法》等法律、行政法规及中国证监会的规定管理运作，在公开推介、销售服务费、销售起点等方面均可参照公募基金执行，中国证监会另有规定的除外。

七、具有公募基金管理资格的证券公司，取得确认函后，应当按照《基金法》《运作办法》等法律、行政法规及中国证监会规定，将相关大集合产品向中国证监会申请变更注册为风险收益特征相匹配的公募基金。经中国证监会注册后，按照公募基金相关法律法规的规定存续运作。

八、自本指引公布之日起，证券公司及其资产管理子公司取得公募基金管理资格或通过发起设立、股权受让等方式控股基金管理公司的，应在履行法律法规及合同约定的必要程序后，将相关大集合产品变更注册为相应公募基金管理人管理的公募基金。

九、鼓励未取得公募基金管理资格的证券公司通过将大集合产品管理人更换为其控股、参股的基金管理公司并变更注册为公募基金的方式，提前完成大集合资产管理业务规范工作。

十、大集合产品托管人应当严格履行《基金法》《证券投资基金托管业务管理办法》等法律、行政法规及中国证监会规定的各项托管职责，将大集合产品比照公募基金实施监督管理，重点关注大集合产品投资运作、估值核算等情况，加强对大集合产品执行本指引情况的监督，定期向中国证监会报送各项监管数据，发现违反本指引的行为，应当及时报告中国证监会。

十一、中国证监会及其派出机构依据《基金法》等公募基金相关法律、行政法规与中国证监会的规定，以及《指导意见》的有关要求，对证券公司、托管人、销售机构等开展大集合资产管理相关业务实施监管。中国证监会派出机构应当加强对辖区证券公司大集合产品规范工作的监督，督促证券公司严格按照本指引要求制定规范方案，切实做好规范工作，定期对辖区大集合产品规范情况进行总结分析，纳入监管季度报告和年度报告，发现存在重大风险或违规事项的，应当及时报告中国证监会。

十二、中国证监会按照市场“三公”原则，对完成规范工作且成效显著的证券公司及其资产管理子公司涉及申请公募基金管理资格或设立、参股基金管理公司等行政许可事项，在审核进度方面予以优先支持。规范后的大集合产品3年合同期届满仍未转为公募基金的，将适时采取规模管控等措施。

十三、本指引自公布之日起实施。

[地方司法业务文件与解读]

广东省高级人民法院

关于切实加强知识产权司法保护的若干意见

（2018年12月23日）

为深入贯彻实施创新驱动发展战略和国家知识产权战略，充分发挥知识产权激励和保护创新、促进科技进步和社会发展的职能作用，积极营造国际一流的创新法治环境，加快建设粤港澳大湾区国际科技创新中心和科技创新强省，根据法律和司法解释有关规定，结合我省实际，制定本意见。

一、推进创新驱动发展。贯彻落实“司法主导、严格保护、分类施策、比例协调”原则，实施最严格的知识产权保护制度，依法合理确定知识产权的保护范围和保护强度，着力加强对重点技术领域创新成果的保护，坚决维护创新主体的合法权益。

二、坚持平等保护原则。依法保障国有和民营、境内和域外各类市场主体法律地位平等、权利保护平等和发展机会平等，确保案件裁判程序公正和实体公正。注意依法借鉴国际知识产权司法保护先进经验，提高知识产权司法保护水平。加大司法公开力度，让案件裁判更加公开、透明、可预期，推动建立统一开放的社会主义市场体系。

三、加强创新成果保障。依法保护具有重大创造性和实用性、引领行业技术标准升级、产业更新换代的发明创造等原创性成果。加强对新一代信息技术、人工智能、高端装备制造、新能源汽车、生物医药、植物新品种、新材料等科技创新成果的保护，支持中医药等传统产业创新发展，加强对标准必要专利等核心技术的保护，提升创新企业的国际竞争力。

四、加强知名品牌保护。依法加强对商标权尤其是驰名商标、老字号、地理标志的保护，坚决遏制恶意抢注商标和恶意囤积商标行为，有效规范商标注册和使用秩序，严厉打击不诚信的商标攀附、仿冒搭车行为。

五、加强著作权保护。坚持传承与创新、保护与利用并重的原则，加大对文学、音乐、美术、影视等作品的保护，积极保护民间文学艺术、传统知识和遗传资源等非物质文化遗产。加强对数据库、游戏、动漫、文化创意等战略性新兴文化产业知识产权的保护，依法妥善处理利益冲突，推动文化产业创新繁荣发展。

六、加强规制不正当竞争和垄断行为。坚决维护统一透明、规范有序、公平竞争的市场环境，严厉打击不正当竞争和破坏市场竞争规则行为，妥善处理涉及商业模式创新的案件，促进产业健康发展。依法释明垄断行为的裁判标准，有效规制滥用行政权力排除和限制竞争行为，增强市场活力。

七、加大侵权损害赔偿力度。坚持补偿为主、惩罚为辅的原则，完善体现知识产权价值的侵权损害赔偿机制。积极探索建立惩罚性赔偿机制，依法加大重复侵权、恶意侵权等严重侵犯知识产权行为赔偿力度，防止侵权者在经济利益上得到好处。

八、加大打击侵害知识产权犯罪。坚决依法制裁和打击各类侵害专利权、商标权、著作权、商业秘密等犯罪行为，加大财产刑的适用力度，坚决追缴侵犯知识产权犯罪违法所得，收缴犯罪工具，销毁侵权产品，从经济上剥夺犯罪分子再次犯罪的能力和条件。

九、加快完善审判机制。对企业有重大影响的案件，开设“绿色通道”快速审理。建立多元化技术事实查明机制，实现技术调查官制度与专家辅助人、技术鉴定、专家咨询等制度的有效衔接。畅通诉讼与仲裁、调解的对接机制，推进构建知识产权纠纷非诉讼解决便捷机制。

十、严格规范诉讼秩序。加强对举证责任分配、举证不能法律后果的释明，推进完善证据披露、证据妨碍排除制度。加大依法制裁严重违反诚信原则，毁损、隐匿和伪造证据、阻碍和抗拒证据保全、妨碍证人作证等行为，严肃追究虚假诉讼、恶意诉讼等行为人法律责任。

十一、加强诉讼保护措施。对侵权诉讼依法适用行为保全、财产保全、证据保全等措施。正确把握知识产权侵权行为性质、情节和影响，积极以诉前、诉中行为禁令避免损害后果扩大。对于权利人确实无法取得侵权证据的，依法出具提交令或调查令，弥补权利人举证能力不足。

十二、加强保障创新企业和创新人才合法权益。依法处理创新企业涉及商业秘密、职务发明创造等纠纷，坚决维护创新企业的市场交易安全。依法支持发明创造人依照法律或者合同约定取得创新成果权，妥善处理好商业秘密保护与竞业限制以及人才合理流动的关系，有效保护创新企业和创新人才的正当权利。

[地方商事审判动态]

2017 年度上海法院金融商事审判情况通报

2017 年，上海法院以习近平新时代中国特色社会主义思想为指引，深入贯彻党的十九大、全国金融工作会议精神，紧紧围绕服务实体经济、防控金融风险、深化金融改革三大任务，切实履行各项审判职责，积极延伸拓展审判职能，改善和提升上海营商环境，为上海实现到 2020 年基本建成与我国经济实力以及人民币国际地位相适应的国际金融中心的建设目标提供了优良的司法服务和保障。现将 2017 年度上海法院金融商事审判情况通报如下：

一、金融商事案件基本情况

1. 金融商事案件收、结案

2017 年，上海法院共受理一审金融商事案件 179163 件，同比上升 39.59%，案件数量创历史新高。一审金融商事案件数量占上海法院受理的民事和商事案件总数量的 33.7%、商事案件数量的 81.4%。其中，除个别基层法院收案数量出现小幅下降外，绝大部分法院的收案数量出现了不同幅度的增长。一中院、二中院受理的一审案件数量保持了继续增长态势，总计受理了 2608 件，同比增长 62.4%，其中二中院收案数量增幅达 139%。全年共审结一审案件 179165 件，结案数量同比上升 39.58%，结案率为 100%（见图一）。

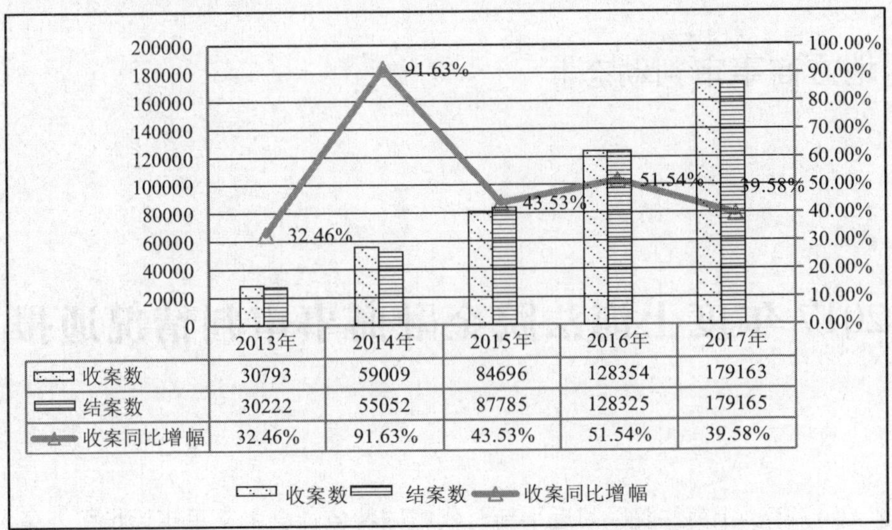

	2013年	2014年	2015年	2016年	2017年
收案数	30793	59009	84696	128354	179163
结案数	30222	55052	87785	128325	179165
收案同比增幅	32.46%	91.63%	43.53%	51.54%	39.58%

图一　五年来上海法院一审金融商事案件数量

全市法院共受理二审金融商事案件996件，审结二审案件1037件（见图二）。

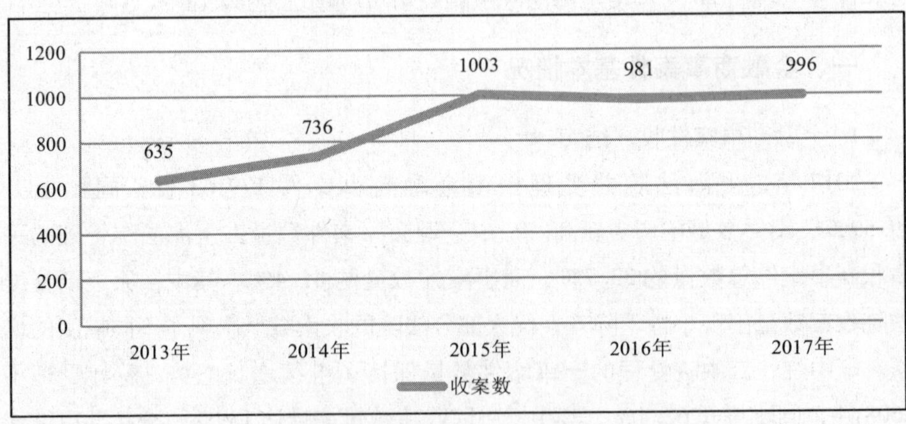

图二　五年来上海法院二审金融商事案件收案数量

2017年上海法院受理的一审金融商事纠纷案件标的总金额为人民币690.89亿元，同比上升11%（见图三）。

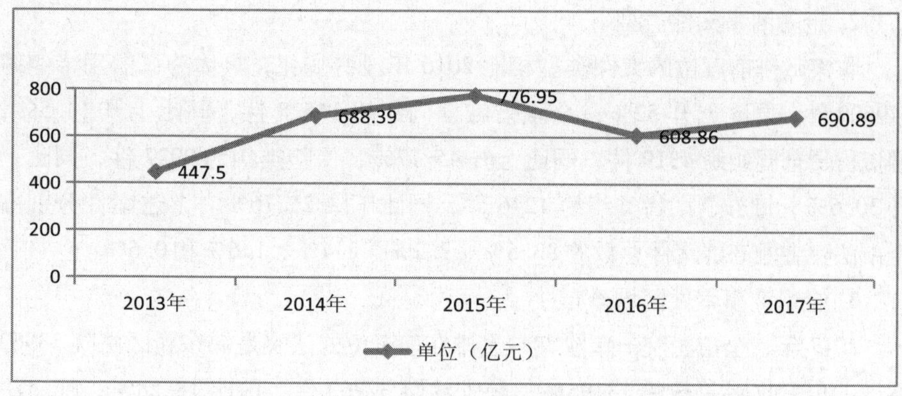

图三 五年来上海法院金融商事案件标的金额趋势

案件标的金额居于前三位的案件类型为金融借款合同纠纷 336 亿元，占标的总额的 53%；信用卡纠纷 107.9 亿元，占标的总额的 17%；融资租赁合同纠纷 52.43 亿元，占标的总额的 8%；其他标的金额较大的案件类型还有保理合同纠纷 25.27 亿元，票据纠纷 16.7 亿元，保险类纠纷 8.95 亿元。其中信用卡纠纷案件的标的金额增长了近一倍，这与信用卡案件数量增长幅度较大有关（见图四）。

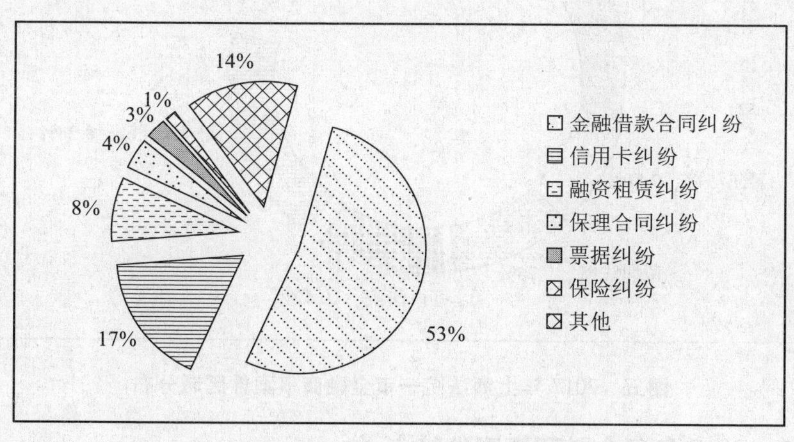

图四 2017 年上海法院金融商事案件标的金额比例

结案方式上，一审案件的调撤率为 15.93%，二审案件调撤率为 16.48%，同比均有所下降。

2017 年，全市金融商事纠纷案件的上诉率为 0.7%，申诉率为 0.05%，服判息诉率为 99.42%。

2. 金融商事案件类型

收案数排前五位的案件类型相比2016年没有变化，具体为：信用卡纠纷149609件，同比上升52%；金融借款合同纠纷16528件，同比上升14.5%；融资租赁合同纠纷4319件，同比上升45.17%；保险类纠纷2927件，同比上升30.6%；证券、期货类纠纷1246件，同比下降25.76%。上述案件分别占全市法院金融商事案件总数的83.5%、9.2%、2.4%、1.6%和0.6%。

3. 金融商事案件区域分布

2017年，全市法院一审收案数量排在前五位的法院是浦东新区法院33962件，占全市收案总数的18.95%；静安法院32763件，占比18.28%；虹口法院18674件，占比10.42%；黄浦法院17480件，占比9.75%；普陀法院13943件，占比7.8%。目前全市16家基层法院中，已有8家基层法院的收案数量超过1万件（见图五）。

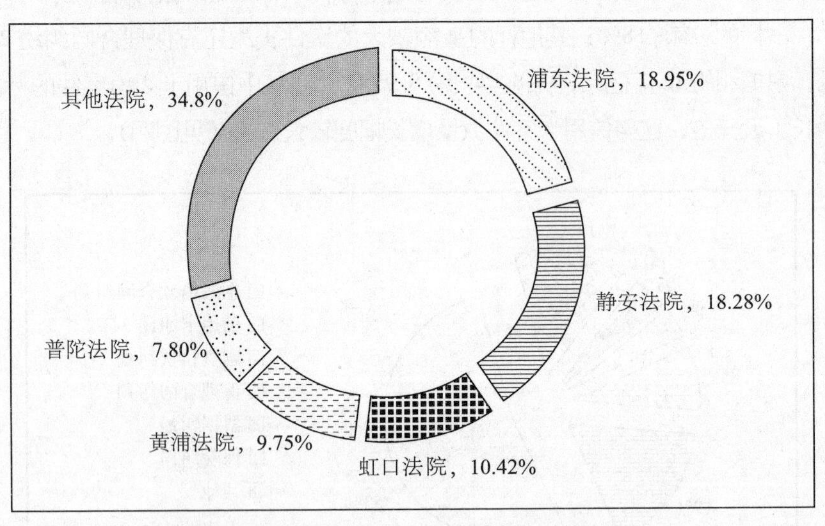

图五　2017年上海法院一审金融商事案件区域分布

二、2017年度金融商事案件特点

1. 信用卡案件数量继续保持大幅增长

与往年相比，信用卡案件数量呈持续增长态势，该类案件的数量在所有金融商事案件中“一支独大”的格局并未改变，案件占比上升了约7个百分点。据中国人民银行《2017年支付体系运行总体情况》统计，信用卡数量与授信总额呈现大幅增长，截至2017年末，国内信用卡与贷借合一卡在用发卡数量为5.88亿张，同比增长26.35%，信用卡授信总额达12.48万亿元，同比增长36.58%。加之商业银行开展的信用卡分期业务也催生了众多具有小额融资需求的用户开卡意向，因此可以预见，信用卡案件数量仍将继续保持增长态势。

2. 融资租赁合同案件数量增幅较大

2016年3月，商务部、国家税务总局下发《关于天津等4个自由贸易试验区内资租赁企业从事融资租赁业务有关问题的通知》，从政策上鼓励融资租赁企业在自贸区内开展业务，融资租赁企业迎来了发展良机。据商务部公布的《中国融资租赁业发展报告（2016—2017）》统计，截至2016年底，上海的融资租赁企业数量为1606家，居于全国第二；上海融资租赁企业注册资本金5652亿元，总资产8091.7亿元，占全国比例分别为31.6%和37.6%，均居于全国首位。目前，融资租赁行业正处于迅速扩张期，部分企业为尽快实现盈利，风险防范意识缺失，甚至脱离了"租赁"这一本质，采用"名为租赁，实为借贷"方式违规从事信贷业务，引发对合同效力性的较大争议，从而导致纠纷数量的增长。2017年融资租赁合同纠纷案件数量的增幅是2016年的3倍以上，与保险案件、证券期货类案件数量的差距正在逐步扩大（见图六）。

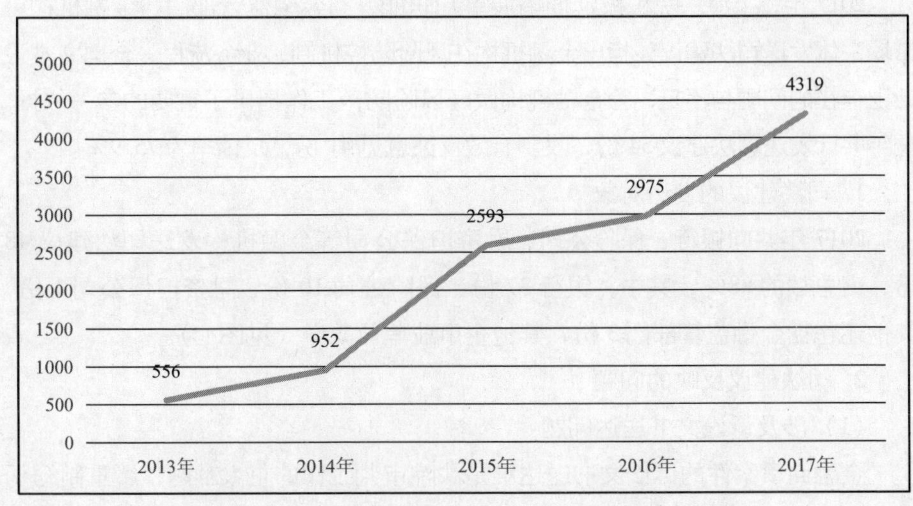

图六　五年来上海法院融资租赁合同纠纷案件数量

3. P2P网贷纠纷案件数量出现大幅增长

2015年至2017年，上海法院分别受理一审P2P网贷纠纷案件315件、663

件、1508件，增幅较大，2017年的收案数量已超过了2015年、2016年的总和。案件主要集中在浦东新区、黄浦区和长宁区。网贷纠纷案件数量不断增长的根本原因在于，网贷行业经历了一段时期的高速增长后，因风控机制建设缺失、违法违规经营行为等所积累的金融风险在短时期内集中释放，并向诉讼领域传导。

4. 变相从事信贷业务的情况仍然存在

部分非银行金融机构并未持有贷款经营许可证，为了规避金融监管，变相从事信贷业务，并收取高额利息，存在违规嫌疑。比如，部分信托公司违反信托资金的使用规定，采用“名股实债”的方式为房地产企业融资；部分融资租赁企业采取了房屋“售后回租”方式；部分保理商从事“暗保理”业务等等。变相信贷业务的法律效力问题往往成为法院的审查重点。

5. 新型担保方式层出不穷

在融资类纠纷案件中，融资担保方式不断创新，部分新类型担保方式甚至突破了《物权法》《担保法》的法律规定。比如，股权收益权质押、信托收益权质押、经营权质押、证券账户质押等，相关法律问题还有待深入研究。

三、司法建议情况

2017年，上海法院积极延伸拓展审判职能，向金融监管部门、金融机构等市场主体发送司法建议，指出金融机构在风险防控机制、业务流程、合同文本设计上存在的问题与不足，为金融机构做好风险防范工作提供了重要的参考依据。全年共计发送司法建议54份，收到有效反馈意见41份，反馈率为75.9%。

1. 司法建议的发送对象

2017年共向银行、保险公司、融资担保公司等金融机构发送司法建议48份，占总数的88%，其中，银行37份、保险公司10份、融资担保公司1份，其他还包括金融监管部门3份，其他企事业单位2份（见图七）。

2. 司法建议反映的问题

（1）涉及诉讼文书送达问题

金融商事案件的诉讼文书送达难是法院审判工作的重大难题，严重制约了审判效率的提升。在以银行为原告的金融借款合同纠纷、信用卡纠纷案件中，因无法向被告债务人、持卡人送达文书，导致案件公告送达率高，司法资源消耗大。为妥善解决送达难问题，最高人民法院出台了《关于进一步推进案件繁简分流优化司法资源配置的若干意见》，规定当事人在纠纷发生之前约定送

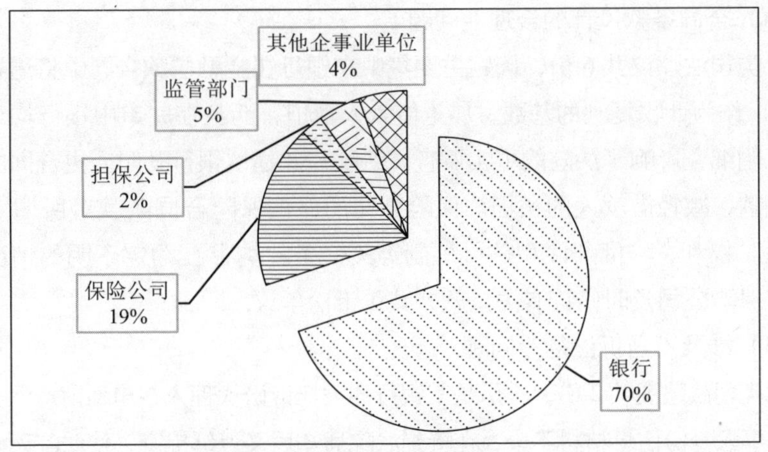

图七　2017 年司法建议发送对象比例

达地址的，法院可以将该地址作为诉讼文书的送达地址。为贯彻落实最高人民法院的指导意见精神，提升诉讼效率，上海法院共计向银行发送 21 份司法建议，建议银行在信用卡领用合约、借款合同、担保合同中增加确认发生诉讼时司法送达地址的内容，并对送达地址条款作出醒目的特别提示等。

（2）金融机构与从业人员经营行为的规范性问题

此类司法建议共 13 份，包括：银行仅凭开卡人所持的他人身份证复印件就办理了他人名下信用卡，并开通现金分期业务，致使他人被冒名贷款；小额贷款公司违规向非本地借款人发放贷款，违背了小额贷款公司为本地区小企业提供金融服务的初衷；保险代理人出于赚取高额佣金的利益驱动，存在未现场见证投保人与被保险人亲笔签字，误导、欺诈投保人，代投保人缴纳保险费，推销虚构的理财产品等违规营销行为；网销保险产品容易诱发道德风险，销售流程存在身份验证风险等。上述问题反映出金融机构的违规操作行为仍在一定范围内存在，内部经营管理机制有待进一步完善。

（3）涉及金融机构的风控机制建设问题

此类司法建议共 6 份，问题主要集中在金融机构内部风险防范机制建设方面。包括：银行与客户签约流程存在疏漏，借款合同中的部分签名并非客户本人所签；银行对共同借款人的签名未作严格审核，在借款人配偶一方否认其存在借款意思后，银行的债权难以足额保障等。金融风险贯穿于金融交易从签约到履约的每一个环节，个别金融机构的风险防范意识仍有待进一步加强。

（4）合同条款设计的合理性问题

此类司法建议共6份，问题主要集中在银行在金融借款合同中将逾期利息（罚息）作为计收复利的基数，加重借款人负担，而且在庭审中银行均无法提供计息明细，影响了法院的事实调查。法院为此建议银行及时变更合同的复利计算条款，减轻借款人的负担。保险公司的保证保险合同条款对所谓“第一受益人”权利、赔付条件和赔付机制等关键条款均存在约定不明的情况，法院建议保险公司及时修订有关条款，减少诉讼争议。

（5）涉及不当诉讼行为问题

此类司法建议共2份，一份是某银行的委托诉讼代理人在申请财产保全时提交的当事人身份信息材料不全，在接到法院通知后又迟延提交，使法院无法制作裁判文书及公告送达，拖延了案件审判进度。另一份是某银行的委托诉讼代理人在庭审时违反法庭纪律，与对方当事人发生不必要争执，严重影响了法庭秩序。

3. 反馈情况

相关单位在收到法院的司法建议后大多高度重视，积极提出反馈意见，并结合司法建议的内容，有针对性地采取措施，改进工作，有效推进了金融风险防范。比如，浦东新区法院向某银行建议加强信息化管理，便于在诉讼中及时提供计息明细，该银行承诺在做好同业调研的基础上，修改格式合同，完善内部数据系统，使其自身业务符合司法实践的需求。金山法院针对某村镇银行在应收账款质押担保审核管理上的不规范问题，向该银行提出重视应收账款的真实债权债务的审核等建议。该银行收到司法建议后，召开专题会议组织学习讨论，对应收账款质押业务的风险点进行剖析，并多措并举加强制度建设，规范业务操作。

四、金融风险剖析与趋势研判

1. 7P2P网贷风险

法院在审理P2P网贷案件中发现，P2P平台执行国家监管政策还不够到位，主要存在以下违规行为：一是P2P平台参与借贷交易。部分平台以本公司名义直接与当事人签订合同，借入或出借钱款，或者安排法定代表人或员工与当事人签订借款合同，变相参与借款活动，债权转让模式仍未得到消除。二是P2P平台存在随意拆分大额借款情况。私自将标的较大的借款“化整为零”，拆分不同期限、不同份额的债权后向外公布，却不同时公布各笔借款之间的联系，影响投资者判断交易风险。三是P2P平台存在提供增信和开立资金池问题，变相为出借人、投资人提供担保，承诺本息。一些P2P平台通过虚假发标、拆分债权等方式将资金汇集入资金池，再去投资项目、放高利贷以谋取利差，严重扰乱金融秩序。四是P2P平台交易信息不透明。有的平台未按照监管规定，对平台注册用户进行实名制管理，在借贷纠纷发生以后，怠于向出借人如实披露借款人真实身份信息，导致出借人难以行使权利。五是P2P平台涉嫌自融。有的平台许诺虚高的年化收益，吸收出借人资金，但部分融资标不存在真实借款需求，平台通过期限错配赚取利差形成自融。六是部分平台采用不正当手段催收债务，比如向债务人的家人、朋友等催收，干扰了他人的日常生活，容易引发社会问题。目前，P2P平台崩盘事件层出不穷，涉案金额巨大、人数众多，给金融市场、社会秩序的稳定造成很大冲击。随着P2P网贷监管政策的逐步实施，整改力度进一步加大，预计P2P网贷案件的数量将会进一步增多。

2. 债券违约风险

据统计，2017年银行间、交易所、柜台市场共计发生49起债券违约事件，其中29起为公募债券，其余为私募债券。债券市场的违约事件也将逐步向诉讼领域传导。2016年至2017年，上海法院共受理了11件债券违约案件，均为机构投资者起诉债券发行人。有的持有人以预期违约为由起诉发行人，要求发行人兑付本息，债券案件能否适用《合同法》的预期违约制度有待深入研究。随着经济“去杠杆”政策的日益深入，市场流动性将进一步趋紧，致使部分企业资金链断裂，从而进一步引发债券违约事件，预计债券违约引发的金融商事案件将进入高发期。

3. 非银行融资市场领域风险

目前，受银行信贷压缩等监管因素的影响，以融资租赁公司、商业保理公司为代表的非银行金融机构的融资业务发展迅猛，因融资业务产生的纠纷数量也不断增长。以保理纠纷案件为例，2016年至2017年，上海法院共受理一审保理案件163件，其中2016年49件，2017年114件，为2016年的2.3倍；2016年全市保理案件的标的总金额为5.9亿元人民币，2017年则猛增至25.63亿元，是2016年的4.3倍。在案件数量增长2.3倍的情况下，标的金额却增长了4.3倍，表明保理的功能正在从传统的应收账款转让、债务催收等综合性金融业务转向大额融资，成为了融资市场领域的新兴力量。

非银行融资领域潜在的风险点包括以下几个方面：一是机构对融资方资信状况审查不严，导致融资方获取的融资额度超出其还款能力，坏账风险加大；

二是机构违背业务模式初衷，开展名为融资租赁实为借贷或者名为保理实为借贷的融资业务，且收取过高逾期费用，法律效力存疑；三是对租赁物、担保物的掌控不严，导致债务人出现违约情况后，债权根本无法得到充分保障。

预计随着“去杠杆”政策的深入执行，融资租赁、保理、信托、票据、实现担保物权等融资类案件数量仍将继续保持上升态势。

4. 涉众性维权案件将持续增多

从2016年起，E租宝、大大宝、快鹿、中晋等多家投资理财平台相继因从事非法吸收公众存款等违法犯罪行为被查处，P2P网贷平台“跑路”事件层出不穷，在涉案平台未进入刑事侦查程序的情况下，投资者纷纷提起民事诉讼。此类案件涉案标的总金额大，维权人数众多，异地诉讼情况较为普遍。此外，部分投资者因担心平台“跑路”，在恐慌情绪的驱使下，要求提前“兑付”，极易导致原本尚在运营的平台出现巨大的挤兑风险。在上述因素的综合影响下，此类维权案件数量或将进一步增多。

五、相关建议

2017年7月召开的全国金融工作会议，确定了服务实体经济、防控金融风险、深化金融改革三项重大任务。2017年8月，中共中央、国务院印发《关于服务实体经济防控金融风险深化金融改革的若干意见》，提出了5个方面23项工作任务。2017年12月召开的中央经济工作会议明确提出：“今后三年要重点抓好决胜全面建成小康社会的防范化解重大风险、精准扶贫、污染防治三大攻坚战。打好防范化解重大风险攻坚战，重点是防控金融风险。”金融风险防范已经成为当前金融工作的重中之重。2018年4月27日，第十三届全国人民代表大会常务委员会第二次会议通过了《关于设立上海金融法院的决定》，明确上海金融法院对金融商事案件、涉金融行政案件实行专门管辖。8月20日，上海金融法院正式挂牌成立。成立上海金融法院是上海实施国家金融战略，增强我国金融司法国际影响力，服务保障金融改革，防范金融风险，为上海实现到2020年基本建成与人民币国际化地位相适应的国际金融中心的重要举措。同时，我们深刻地认识到，防范金融风险不仅需要立法、司法的规制和引领，更离不开金融监管机关、政府部门、行业组织、市场主体的共同努力，为此建议：

1. 进一步加强金融风险防范机制建设

一是要进一步树立起依法合规经营理念，杜绝以逃避监管为目的的所谓金融创新，维护金融市场的正常秩序。二是要树立起确保金融安全的理念，健全和落实各项风险防范机制，按照监管规定的要求，建立起完备的金融风险内控机制，仔细排查现有风险内控机制，及时查漏补缺。三是要进一步增强金融服务实体经济的理念。建设现代化经济体系，必须把发展经济的着力点放在实体经济上，把提高供给体系质量作为主攻方向。金融机构要为中小企业融资提供与其资信水平相匹配的融资方式，扶持中小企业健康成长，避免资金空转，人为放大风险。

2. 进一步加强工作协同形成风险防范合力

防范金融风险是金融监管机关、政府相关部门和司法机关的职责和使命，也是义不容辞的责任，要牢固树立政治意识、大局意识、责任意识，进一步加强部门间的协作力度，明确职责分工，搭建固定的信息沟通交流平台，建立联动工作机制，合力做好金融风险防范工作。

3. 进一步加大对违法违规金融活动的整治力度

违法违规金融活动严重影响金融市场的安全和稳定，有关职能部门要按照国务院、市政府关于清理整顿各类交易场所的工作部署，督促各类交易场所完成整改。金融监管部门要推动监管政策加快落地，强化金融监管政策的可操作性，为金融市场整治活动提供有力的制度依据和保障，同时加大对以创新为名，实则规避金融监管的违规行为查处力度，维护金融市场秩序。

4. 进一步强化宣传教育提升风险防范意识

要通过传统媒体、新兴媒体，采用深入街镇、社区等方式，开展对金融消费者保护典型案例的宣传工作，大力宣传"买者自负"的交易原则，警惕高息揽储，倡导正确的投资理念。加大投资者适当性义务的宣传，引导投资者选择与自身认知水平和风险承受能力相匹配的金融产品，避免因高风险金融交易产生的投资风险。

5. 进一步完善金融纠纷多元化解决机制

2016 年起，上海法院已经与金融监管机关、行业组织建立起了金融行业全覆盖的纠纷多元化解机制，金融矛盾纠纷化解取得良好成效。要进一步扩大金融纠纷多元化解机制的深度和广度，完成全市法院与调解组织的诉调对接机制；进一步拓宽调解通道，将更多的金融矛盾纠纷纳入到多元化解机制中，为确保金融稳定贡献力量。

[典型案例]

2017年度上海法院金融商事审判十大案例

目 录

最高额抵押变更债务人而未办理变更登记将不发生物权变动的效力

——甲银行诉乙公司、丙公司等金融借款合同纠纷案

【裁判要旨】

最高额抵押权人与原债务人、抵押人及新债务人协商一致，将其对新债务人的债权纳入最高额抵押债权范围，但未办理抵押变更登记手续的，不发生物

权变动的效力，抵押权人不能就其对新债务人的债权行使抵押权。

【基本案情】

2014年4月8日，甲银行与乙公司签订《基本额度授信合同》，约定甲银行向乙公司提供授信额度1.4亿元，借款期限2014年4月8日至2015年4月7日。同日，丙公司与甲银行签订《最高额抵押合同》，约定丙公司以其名下某房产为前述《基本额度授信合同》及其项下的全部债权提供最高额抵押担保。同年5月10日，甲银行与丙公司办理抵押登记，登记他项权利种类为最高额抵押权、他项权利人为甲银行。

2014年11月5日，甲银行与丁公司签订《流动资金借款合同》，约定丁公司向甲银行借款2800万元，期限自2014年11月5日至2015年11月4日。同日，甲银行与乙公司、丙公司及丁公司签订《补充协议》，确认前述《流动资金借款合同》系甲银行与乙公司之间《基本额度授信合同》项下分合同，属于《最高额抵押合同》项下的债权范围。后甲银行按约放款。

借款到期后，丁公司未按约归还本金、支付全部到期利息。甲银行诉至法院，请求判令丁公司归还借款本金及支付利息、律师费，并要求乙公司等对丁公司上述付款义务承担连带清偿责任，对丙公司名下某房产行使抵押权等。

【裁判结果】

上海市静安区人民法院于2017年1月19日作出（2015）静民四（商）初字第6508号民事判决：丁公司应于判决生效之日起十日内归还甲银行借款本金2800万元及利息、逾期利息、律师费；乙公司对丁公司上述付款义务承担连带清偿责任，并在承担责任后有权向丁公司追偿；对甲银行其他诉讼请求不予支持。甲银行、丁公司不服一审判决提起上诉。上海市第二中级人民法院于2017年9月30日作出（2017）沪02民终2890号终审判决：驳回上诉，维持原判。

【裁判理由】

法院认为，本案的主要争议焦点在于甲银行是否可根据《补充协议》对系争贷款享有最高额抵押权，即涉及最高额抵押中债务人能否变更问题，应从债权与物权两个层面分析。债权层面，《补充协议》由各方共同签署，反映了各方真实意思表示，该协议合法有效，应予遵守。因此，对于违反协议的行为，守约方可以要求违约方承担相应责任。物权层面，我国《物权法》第二百零五条仅规定抵押权人与抵押人可通过协议变更“债权范围”，并未明确允许变更“债务人”，而本案中当事人协议变更了债务人，由此产生了能否把“债务人”的变更理解为“债权范围”变更的问题。从立法沿革来看，1995 年颁布的《担保法》与 2007 年颁布的《物权法》关于最高额抵押担保的规定均强调被担保的债权“连续发生”，“连续发生”应当指双方之间一种不断沿袭交易的状态，如果变更了债务人，新的债务与以前的债务相比，难以认定为“连续发生”。从比较法来看，即便允许变更最高额抵押债务人的国家或地区，其法律制度也强调应当进行变更登记，不经变更登记，无法行使优先受偿权。

综上，尽管从债权层面《补充协议》合法有效，但从物权层面，结合立法沿革及立法比较来看，当事人协议变更最高额抵押权的债务人且未办理变更登记手续，将不发生物权变动的效力。故法院判决支持了甲银行要求丁公司归还借款本金及支付利息的诉请，对于甲银行要求实现抵押权的诉请，不予支持。

【裁判意义】

本案涉及最高额抵押的协议变更的效力问题。我国《物权法》对于是否可以协议变更最高额抵押的主债务人以及变更主债务人是否需要办理登记等问题并无明确规定。本案判决认为，如果未进行变更登记，允许抵押合同当事人随意将本不属于最高额抵押担保范围的其他债权纳入担保范围，可能会损害其他第三方的利益，如在后顺位抵押权人的利益，或者是抵押人之普通债权人的利益，故最终认定对未办理变更登记的新债务人的债务，银行无权行使抵押权。本案对细化最高额抵押相关的司法规则有一定探索意义，有利于规范金融参与主体的融资行为，提高借贷企业的“去杠杆”意识，有效防控金融风险。

金融消费者不实填写风险测评问卷应自负投资风险

——沈某诉甲银行金融服务合同纠纷案

【裁判要旨】

金融商品的销售服务业者在提供金融服务时，应当履行金融消费者适格性审查义务，推荐与消费者自身风险等级相匹配的投资产品及服务。因金融消费者自身填写风险等级测评材料不真实，导致其购买投资产品或者接受服务不适当，其应自行承担投资风险。金融机构未就高风险产品进行充分信息披露和风险揭示的，应就投资者损失承担相应责任。

【基本案情】

2015 年 5 月 8 日，经甲银行客户经理贺某推介，沈某于银行柜台申购了申万菱信基金（分级基金）499922. 50 份，总额 50 万元。相关资料显示，沈某于 2014 年 5 月 22 日开立交易账户时，甲银行对其进行了风险承受能力测评。其中，沈某就“家庭年收入”勾选 E 项（100 万元以上），就“投资经验”勾选 D 项（大部分投资于股票、基金、外汇等高风险产品，且有 8 年以上经验）。《评估问卷》测评结果显示沈某风险承受能力属于激进型，适合所有风险产品。2015 年 5 月 5 日，沈某本人签字的《业务申请表》，银行打印栏显示基金风险级别“高风险”，客户风险级别“激进型”，风险匹配结果“正常”。

录音录像显示，客户经理贺某曾向沈某表示：“基金这个产品不像理财，理财产品到一年、到三个月、六个月肯定会有收益的。基金会有净值变化，有可能上，有可能下，一个阶段可能跌到成本以内，所以要从时间上去化解风险。”沈某向上海银监局举报后，该局答复：“未发现相关材料由他人冒签的情况……该录音录像对客户经理是否充分揭示风险由于声音不够清晰无法判断。”

2016 年 1 月，申万菱信基金实施不定期份额折算，折算基准日为 2016 年 1 月 11 日，强行调减份额 179475. 30 份。2016 年 3 月 1 日，沈某赎回所购买的讼争基金，余额为 273680. 79 元。沈某遂起诉甲银行要求赔偿其投资损失。

【裁判结果】

上海市虹口区人民法院于2017年7月31日作出（2016）沪0109民初25028号民事判决：甲银行赔偿沈某损失10万元；驳回沈某的其余诉讼请求。宣判后，沈某、甲银行向上海市第二中级人民法院提出上诉。上海市第二中级人民法院于2017年10月31日作出（2017）沪02民终9139号民事判决：驳回上诉，维持原判。

【裁判理由】

法院认为：沈某在甲银行处开设账户，长期在甲银行处投资购买理财产品，借助甲银行客户经理的推介服务完成相关交易。甲银行向沈某提供财务分析与规划、投资建议、个人投资产品推介等专业化服务，双方构成以理财顾问服务为主要内容的金融服务法律关系。

银行作为专业金融机构推介或代销理财产品、提供金融服务时，应遵循投资者适格性原则，有义务把适合的产品或服务以适当的方式推介或销售给适当的投资者，防止将不适格的投资者不当地引入资本市场，维护金融市场的稳定。本案沈某在开立交易账户时进行了风险评估测试，评估结果为激进型客户，可以购买高风险及以下风险的理财产品。甲银行在依照评估结果确定客户类别的基础上，向沈某推介相应理财产品的行为并无不当。沈某虽对风险测评报告有异议，认为选项非本人或授意勾选，勾选内容不符合自身实际情况，但其未能提供充分证据证明相关事实。即便测评选项内容与沈某自身实际不符，沈某作为具有较高文化程度、具备长期金融理财经验的成熟投资者，应该仔细阅读并审慎签署相关协议，因自身填写风险等级测评材料不真实，导致其购买投资产品或者接受服务不适当的，应自行承担行为后果，对于自己签名确认的评估内容视为已接受认可，不得事后随意推翻。除了风险评估问卷外，沈某另签名确认的《业务申请表》《风险揭示书》均对其作为投资者的风险承受能力等级进行了提示，沈某对此并未提出异议，即便因疏忽大意未注意，也应承担签名确认后的相关法律后果。

甲银行代销金融理财产品负有信息披露和风险提示的义务。本案讼争基金系隐含特殊下折机制的分级基金，属于高风险等级理财产品。甲银行称客户经理在介绍推荐讼争基金时详细介绍了讼争基金并提示过相关风险，但录音录像只能证明客户经理在推荐过程中提到了基金的风险，并未详细介绍讼争分级基金的运作方式等相关信息并揭示特别的风险点，故甲银行关于已尽信息披露和风险提示义务的意见不能成立。法院酌情认定甲银行赔偿沈某损失10万元。

【裁判意义】

过去数年银行理财市场的“刚性兑付”规则，助长了部分金融消费者不理性的理财行为。随着资管新规的落地，银行保本理财的“刚性兑付”被打破。本案司法裁判在全面审查金融机构职责的前提下，强调了金融消费者“买者自负”的原则，金融机构与金融消费者在金融服务法律关系中存在专业性及信息等客观不对等性，为了弥补不对等，本案确认了“卖者有责”是前提，金融机构负有事前产品风险披露、金融消费者风险承受能力评级、产品存续期间定期披露、对金融消费者适格性管理的义务。金融机构各项义务履行到位后，金融消费者因自身原因不审慎购买，如盲目不切实际勾选风评选项、追求测评高风险等级结果、忽视已揭示的风险信息执意购买等，未能履行对自己事务应尽的注意义务，而投资风险等级与自身风险承受能力不匹配的产品，应由金融消费者对理财损失负责。本案体现了现代金融交易的诚信原则与契约精神，有利于金融机构回归“受人之托、代人理财”的健康发展轨道，防范金融风险。

保险经纪人未尽勤勉义务应对由此导致的投保人损失承担赔偿责任

——甲保险公司、乙保险经纪公司与丙公司财产保险合同纠纷上诉案

【裁判要旨】

保险经纪公司在代理投保人投保时应尽勤勉义务，包括为投保人选择合适的保险产品，并向投保人告知保险合同中责任免除等重要条款。若保险经纪人未尽勤勉义务导致投保人无法获得保险理赔，应由保险经纪人承担相应赔偿责任。

【基本案情】

乙保险经纪公司为开展业务，与甲保险公司签订预约保险协议（以下简称大保单），约定：投保人为乙保险经纪公司的委托人，甲保险公司根据投保人的申请承保货物运输保险。其中第八条约定，陆路运输时应使用集装箱卡车或者全封闭上锁的厢式卡车，否则保险人不负赔偿责任。

2016年6月6日，丙公司与案外人丁公司签订《公路运输合同》，运输一台录井仪，并由丁公司负责投保事宜。后丁公司转委托乙保险经纪公司向甲保险公司投保综合险并支付保费，甲保险公司出具《国内水路、陆路货物运输电子保险凭证》（以下简称小保单），并载明该保单为相关大保单的有效组成部分，两者如有冲突，以大保单为准。丙公司确认收到了小保单和保险条款。但乙保险经纪公司并未将大保单提供给丙公司。

2016年6月7日，案外人刘某驾驶车辆时，由于路面不平，斜坡弯度大，车辆转弯时缆绳断开，货物从车上翻落损坏。丙公司起诉请求：判令甲保险公司赔偿维修费398000元、评估费12000元，乙保险经纪公司对甲保险公司的赔偿义务承担连带赔偿责任。

【裁判结果】

上海市第一中级人民法院于2017年10月26日作出（2017）沪01民终9608号民事判决：乙保险经纪公司赔偿丙公司损失384684.50元；驳回丙公司的其余诉讼请求。

【裁判理由】

法院认为，系争大保单明确约定，陆路运输时应使用集装箱卡车或者全封闭上锁的厢式卡车，否则保险人不负赔偿责任。甲保险公司之所以对运输工具作出明确要求，乃是因为运输工具对于陆路运输风险的影响重大，采用不同的运输工具，对应的保费亦有较大差异。集装箱卡车在箱底有卡扣固定，厢式卡车则在底部以焊接固定，上述固定方式能够最大程度保证货物不会因为路面颠簸而翻落。而如果采用普通货车运输，则货物只能通过缆绳捆绑等方式固定，在路面状况不佳的情况下，容易因缆绳断裂滑落等原因导致货物翻落，在安全性上明显低于集装箱卡车或厢式卡车。根据运输车辆驾驶员刘某的事故情况说明，事故发生的原因系路面有斜度和凹坑，转弯时绑货物的缆绳断开，而车中间的栏板没有插，车尾的栏板断裂，导致货物翻落损坏。显然，若使用集装箱卡车或者全封闭上锁的厢式卡车运输，则货物翻落的可能性会大大降低。

乙保险经纪公司作为专业的保险经纪公司，有义务了解投保人的需要并为其选择适当的险别，同时应当将所知道的有关保险合同的情况和信息，尤其是免责条款如实告知投保人。本案中，乙保险经纪公司既未向丙公司了解标的货物的运输方式，为其选择能够适用该运输方式的货物险种，也未在投保后将大保单提供给丙公司，将大保单中载明的运输工具要求和免责情形如实告知丙公司，以便丙公司调整运输方式，因此乙保险经纪公司未尽到勤勉义务。

甲保险公司将未采用集装箱卡车或者全封闭上锁的厢式卡车运输作为保险免责的情形，符合保险精算原理，具有合理性。甲保险公司已就上述免责条款向投保人的代理人乙保险经纪公司进行了明确说明，可以据此免除赔偿责任。由于乙保险经纪公司未尽勤勉义务，导致其委托人丙公司不知上述免责条款，选择了错误的运输方式，无法获得保险理赔，乙保险经纪公司也未针对丙公司的运输要求为其另行选择适合的保险产品，其过错与丙公司的损失之间具有因果关系，根据《保险法》第一百二十八条的规定“保险经纪人因过错给投保人、被保险人造成损失的，依法承担赔偿责任”，乙保险经纪公司应对甲保险公司无法获赔的损失承担赔偿责任。

【裁判意义】

繁荣有序的保险行业离不开保险经纪业务的规范发展，由于货物运输行业的特殊性，货运险业务中常见保险经纪公司的身影。作为投保人的代理人，保险经纪公司的任务不仅仅限于撮合交易，而应当基于专业知识和经验优势，尽到勤勉义务，包括切实了解投保人的投保需要和不同保险产品的差异，为投保人选择正确、合适的保险产品；同时还应当及时向投保人交付保险条款，说明保险合同的责任范围、应当遵守的保险条件、免责情形等对投保人利益具有重要影响的内容，消除投保人与保险人之间的信息不对称。本案的裁判结果符合保险法对保险经纪人勤勉义务的规定，厘清了投保人、保险经纪人与保险人三者之间的法律关系，明确了保险经纪人应对未尽勤勉义务而导致的投保人的损失承担赔偿责任，为规范保险经纪行业发展起到积极作用。

保险公司应就概括性兜底免责条款作出明确的指向性说明

——甲公司与乙保险公司财产保险合同纠纷一案

【裁判要旨】

车辆损失保险合同约定“依照法律法规或公安机关交通管理部门有关规定不允许驾驶保险车辆的其他情况下驾车”属于保险公司免责范围。如果保险人未就该条款所指向的具体事项及违反该事项应承担的法律后果等作出明确解释与说明的，则不能引用该概括性、笼统性条款主张免责。

【基本案情】

2013年11月21日，甲公司为其名下牌号沪D66386货车在乙保险公司处投保交强险、车辆损失险、商业第三者责任险、车上人员责任险等。《车辆损失险》责任免除部分第五条、《车上人员责任险》责任免除部分第四条均规定了相同的十项免责事由，其中前九项列举的内容包括驾驶员存在无证驾驶、醉酒驾驶、从事犯罪活动、记分达到12分仍驾驶机动车等情形，第十项均为“依照法律法规或公安机关交通管理部门有关规定不允许驾驶保险车辆的其他情况下驾车”。

保险期间，甲公司允许的驾驶员赵某驾驶该车辆在G60沪昆高速公路与案外人赵某某驾驶的货车车尾碰撞，致被保险车辆、赵某及其车内人员徐某某受伤。交警部门作出如下认定：赵某过度疲劳仍继续驾驶机动车在高速公路行驶，是造成事故的主要原因，应负事故的主要责任，赵某某负事故的次要责任。事后，沪D66386车辆产生修理费13万元、施救费10910元，驾驶员赵某及车内人员徐某某也花费了相应医疗费。

【裁判结果】

上海市虹口区人民法院于2017年5月10日作出（2016）沪0109民初15286号民事判决：乙保险公司支付甲公司车辆损失保险金13万元、车辆施救费10910元。一审判决后，双方未提起上诉，判决现已生效。

【裁判理由】

法院认为，《道路交通安全法》虽规定疲劳不得驾驶车辆，但并不意味着驾驶员疲劳驾驶发生事故后保险公司一律不予理赔，保险公司是否要理赔还要依据保险条款具体约定及保险公司是否对免责事由尽到提示说明义务加以判定。保险合同作为保险公司单方制定的格式合同，投保人在专业知识和专业能力上相对于保险人均处于弱势地位，故为平衡保险人和被保险人之间的利益，保险法特别规定了保险人对免责条款的合理提示以及主动明确的说明义务。而本案中系争免责条款系一概括性、笼统性的兜底条款，而非关于免责事由的具体、明确规定。根据保险法及相关司法解释精神，即便驾驶员存在醉酒驾驶、无证驾驶等很明显、很严重地违反法律、行政法规禁止性规定的情况，保险人也须通过免责条款对该免责事由加以明列，且要通过特别字体提示才能发生法律效力。本案系争兜底条款具有高度的概括性、不确定性，保险人更应在订立合同时在投保单、保险单或者其他保险凭证上明确说明兜底条款中“其他情况”的具体指向，并对该具体指向的内容通过不同字体予以提示，否则保险公司仅以兜底条款进行概括，这样不仅使得免责条款不能达到指向明确、具体的要求，也使投保人难以准确预测获赔范围，甚至额外减免了保险公司的责任。本案中，被告仅对概括性的兜底性免责条款进行加黑加粗，并未尽到对免责事由的提示说明义务。此外，被纳入兜底条款的事项，其过错程度应与列举的情形相当。驾驶员疲劳驾驶虽亦违反《道路交通安全法》相关规定，但显然其过错程度不及合同明确列举的九项。综上，被告援引该概括性的兜底免责条款拒赔，依据不足。

【裁判意义】

概括性兜底免责条款，往往成为保险人规避风险的“避风港”。本案的判决明确了保险人应对概括性兜底免责条款的具体指向作出明确说明，并对该具体指向的内容予以提示，较好地平衡了保险人和被保险人间的利益，也有效避免保险人滋生“惰性”，在其自身不对免责条款进行精准设置的情况下，仅靠概括性兜底免责条款就能顺利免责。本判决向保险行业释放了方向性的司法信号，有利于进一步规范保险业务，维护被保险人的合法权益。

全国首例证券支持诉讼案

——刘某等诉甲公司及鲜某、恽某证券虚假陈述责任纠纷案

【裁判要旨】

证券投资者公益性保护机构以诉讼代理人身份接受中小投资者委托或为其聘请律师提起诉讼，符合《民事诉讼法》第十五条关于支持诉讼相关规定的，应予以准许。证券市场信息披露义务人违反法律规定，实施证券虚假陈述行为并致使投资者遭受损失的，应承担相应民事赔偿责任。

【基本案情】

刘某等共计十四名原告系甲公司的投资者。2016 年 3 月，上海证监局发布行政处罚决定，认定甲公司存在违法违规的事实，包括未及时披露多项对外重大担保、重大诉讼事项，以及 2013 年年报中未披露对外重大担保事项，其行为违反了《证券法》第六十三条、第六十七条的规定，构成《证券法》第一百九十三条规定的虚假陈述行为。原告认为，甲公司的虚假陈述行为与其投资损失之间存在因果关系，故在中证中小投资者服务中心的支持下，将甲公司及其实际控制人鲜某和时任公司董事、财务总监的恽某作为共同被告诉至法院。

【裁判结果】

上海市第一中级人民法院于 2017 年 5 月 18 日作出（2016）沪 01 民初 166 号民事判决书，判决被告鲜某应当对原告方的投资差额损失、佣金及印花税损失、利息损失进行赔偿，共计 2338894. 33 元；被告甲公司及恽某对上述赔偿承担连带责任。宣判后，各方未提出上诉，判决已发生法律效力。

【裁判理由】

法院认为，根据《民事诉讼法》第十五条的规定，机关、社会团体、企业事业单位对损害国家、集体或者个人民事权益的行为，可以支持受损害的单位或者个人向人民法院起诉。中证中小投资者服务中心作为国务院证券监督管理机构认可的投资者公益性保护机构，与案件没有直接利害关系，其作为诉讼

代理人或代为聘请律师支持原告诉讼，符合上述法律规定。上海证监局既已作出《行政处罚决定书》，认定甲公司存在虚假陈述行为，并对其进行了行政处罚，则可据此认定甲公司存在虚假陈述的过错。对于原告主张的投资差额损失、佣金和印花税等，法院经审查认为其主张符合相关司法解释的规定，均予以支持。关于承担赔偿责任的主体，被告鲜某时任甲公司董事长、法定代表人，应当明知公司重大担保事项应按《证券法》相关规定对外披露，但其未尽管理职责，系涉案虚假陈述行为的直接责任人，应对原告损失承担首要的赔偿责任。甲公司作为被处罚的上市公司，应承担连带赔偿责任。此外，恽某作为被告甲公司时任董事、财务总监，系《行政处罚决定书》中认定的虚假陈述行为其他直接责任人员，亦应当承担相应连带赔偿责任。

【裁判意义】

本案系全国首例证券支持诉讼。我国《民事诉讼法》第十五条规定了机关、社会团体、企业事业单位对损害国家、集体或者个人民事权益的行为，可以支持受损害的单位或者个人向人民法院起诉。作为证券金融类公益机构，本案中证中小投资者服务中心依据法律规定提起支持诉讼，支持起诉并参与开庭审理，助力中小投资者维权，首开证券领域支持诉讼先河。证券支持诉讼是在金融消费者权益保护机制及民事公益诉讼方面的重大创新，对于切实保护中小投资者权益具有重要意义。

投资者有权对融资融券账户中的投资损失主张赔偿

——黎某诉甲公司证券虚假陈述责任纠纷案

【裁判要旨】

证券侵权责任纠纷中，投资者融资融券账户内的证券虽名义上为证券公司持有，但投资者作为证券的实际持有人，是信用账户的积极管理者和损益承担者，对信用账户内资产享有实质性的财产权利，有权依据《证券法》直接向上市公司主张证券侵权损害赔偿。

【基本案情】

2010 年 3 月 12 日至 2013 年 11 月 20 日，黎某买入甲公司股票共计 55500

股，持有至2014年1月27日全部卖出。2013年11月21日，甲公司发布公告称：其于2013年11月20日收到中国证监会《调查通知书》，公司涉嫌未按照规定披露信息，证监会决定对公司立案稽查。2015年6月13日，甲公司发布公告称：其于2015年6月12日收到中国证监会上海监管局下发的《行政处罚决定书》，认定因2009年3月至12月，甲公司对于其与乙公司构成关联关系以及关联交易情况均未予以披露，对甲公司予以行政处罚。黎某遂诉至法院要求甲公司赔偿因上述虚假陈述行为而导致的损失。甲公司认为，黎某部分交易系通过信用证券账户（即融资融券账户）进行，客户信用证券账户内的证券为信托财产，黎某无权主张其信用账户内的投资差额损失，应由证券公司行使相关权利。

【裁判结果】

上海市第二中级人民法院于2017年3月30日作出一审判决：甲公司应于判决生效之日起十日内向黎某支付赔偿款696323.63元；驳回黎某其余诉讼请求。甲公司不服一审判决提出上诉，其后申请撤回上诉。上海市高级人民法院于2017年8月23日作出（2017）沪民终196号二审裁定：准许甲公司撤回上诉。

【裁判理由】

法院认为，从交易方式来看，融资融券账户是由投资者自主经营、独立操作的账户。根据相关规定，信用账户中证券交易、划转的指令均由投资者自行发出，证券公司的作用在于向其客户提供融资或融券，实际并无操作账户的权利。从交易结果上看，融资融券账户的盈亏由投资者自行负担。证券公司是资金或证券的出借方，融资融券账户内的资产为证券公司对投资者的债权提供了担保，但证券公司并不承担账户的盈亏。从各方权利义务上看，证券公司是融资融券账户记录证券的名义持有人，投资者是该证券的实际持有人。证券公司对信用账户内记录证券仅有消极持有的权利，并不能进行积极的管理，实际的管理、收益、处分的权利在于投资者。

对融资融券账户基本特征的上述分析可得，投资者对账户内资产损失有法律上直接的利害关系，有权依法主张投资损失。根据《证券法》及相关司法解释的规定，有权主张民事赔偿的主体是证券市场的投资者（或投资人）。投资者是指在证券市场上从事证券认购和交易的自然人、法人或其他组织。本案中，原告黎某等在证券公司信用担保账户中投资认购甲公司的股份，其股份虽名义上为证券公司持有，但其作为实际投资者，有权就其融资融券账户中投资损失主张赔偿。

【裁判意义】

近年来，证券虚假陈述责任纠纷案件数量快速增长，司法实践中存在诸多争议问题。本案争议焦点在于投资者可否就其融资融券交易中信用账户内的投资损失直接主张赔偿。本案裁判结果明确了投资者作为股份的实际持有人，对信用账户内资产享有实质性的财产权利。我国《证券公司融资融券业务管理办法》中将信用账户内资产界定为“信托财产”，目的在于为证券公司的债权提供担保，它不等同于《信托法》上的信托，不直接适用信托的基本规则。在证券市场中，投资者通过融资融券账户进行投资与通过普通账户投资在盈亏规则和行权模式上并无本质区别，只是在融资融券交易中嵌套了一层与证券公司的借贷法律关系。投资者是信用账户的积极管理者和损益承担者，对信用账户内的投资损失有法律上直接的利害关系，有权依据《证券法》直接向上市公司主张证券侵权损害赔偿。本案判决具有一定示范价值，对维护证券市场的公开、公平、公正，保护中小投资者的利益具有积极意义，同时也为证券侵权纠纷中新类型问题的司法处理积累了经验。

合理界定金融消费者的保护限度

——张某与某证券公司证券认购纠纷案

【裁判要旨】

信用证券账户中签新股后，投资者应履行缴款义务，否则应视为放弃认购。“卖券还款”所得用于偿还信用账户负债的约定属于当事人的意思自治，不违反法律强制性规定，各方应予遵守。

【基本案情】

张某与某证券公司签订了《融资融券业务合同》，开立了融资融券账户，由证券公司提供证券经纪、融资融券等证券服务。2017 年 2 月 23 日下午 14 时左右，张某收到短信通知，得知其账户中签新股，应缴纳新股认购款 18850 元。其后张某卖出该账户内的其他股票，卖出股票成交金额分别为 19110 元、3181 元，委托指令均为“卖券还款”。张某拟用上述卖券所得金额申购中签新股，但证券公司告知其“卖券还款”所得的金额不能直接用于申购新股，应优先偿还融资融券账户的负债。经协商，证券公司为张某将新股认购款缴纳时间延长至当天 16 时 30 分。后张某因银行账户余额不足，转款未成，最终未能认购中签新股。张某诉至法院请求判令证券公司赔偿其投资损失 48630 元。

【裁判结果】

上海市浦东新区人民法院于 2017 年 9 月 18 日作出（2017）沪 0115 民初 33817 号民事判决：驳回张某的诉讼请求。张某不服一审判决提起上诉。上海市第一中级人民法院于 2018 年 1 月 2 日作出（2017）沪 01 民终 13735 号终审判决：驳回上诉，维持原判。

【裁判理由】

法院认为：案件的争议焦点是信用账户中签新股后，张某“卖券还款”指令的交易金额是优先用于偿还负债还是用于认购新股。第一，证券公司根据张某“卖券还款”的交易指令进行操作，并未违反合同约定。《融资融券业务合同》及相关监管规则未规定证券公司对于投资人“卖券还款”所得应优先用于新股认购。第二，张某仅提供其与另一家证券公司有关工作人员网络通信截屏记录，并不能证明“卖券还款”所得优先用于新股认购属于行业惯例。第三，张某在与证券公司进行咨询沟通的过程中，证券公司明确告知了张某相关的交易规则和后果。张某在知晓交易规则情况下，未能缴纳认购款项，系因自身过错导致相关损失发生。证券公司的行为未违反合同约定与法律规定，也不存在过错，张某应自行承担相应的法律后果。综上，法院判决驳回了张某的诉讼请求。

【裁判意义】

随着证券市场创新过程中交易方式、交易品种的增加，信用账户可以用于申购新股，证券公司作为经纪服务商随之为投资人开通了该项服务内容。投资人中签新股后，应当履行缴款义务，否则应视为放弃认购。本案《融资融券业务合同》中明确约定“卖券还款”所得应优先用于偿还信用账户负债，该约定属于当事人的意思自治，亦未违反监管规定，故合法有效。对于投资人关于“卖券还款”所得应优先用于申购新股的主张，在当事人未对此达成新的约定，监管规则亦无明确要求的情况下，双方应恪守原合同约定。本案判决合理厘定了金融消费者保护的限度，维护市场交易规则，为优化营商环境提供了金融司法支持。

永续债持有人主张解除合同的司法裁量原则

——甲公司诉乙公司债券交易纠纷案

【裁判要旨】

永续债是指不规定到期期限，债权人不能要求发行人清偿本金，但可按期取得利息的一种有价证券。永续债的发行人存在怠于履行相关披露义务等行为，足以影响持有人出卖债券获益的可能性的，发行人构成根本违约，持有人享有解除合同的权利。

【基本案情】

2015年11月11日，乙公司（即发行人）发布《募集说明书》，在全国银行间债券市场发行“15中城建MTN0022015”中期票据（又称永续债），该债券无固定到期日，于发行人赎回时到期，赎回权为发行人所有，投资者无回售权；采固定利率5.35%；起息日为2015年11月23日，付息日为自2016年起每年的11月23日，发行人有权递延支付利息。甲公司（即持有人）持有该债券总计5000万元，其以乙公司在募集期隐瞒部分信息、在履约过程中多次出现违约事件导致评级下降及未及时披露相关信息，且以行为表明不履行在一定期限内还本付息的主要义务为由，要求解除双方之间的合同关系，并要求乙公司偿还本金、赔偿利息损失。

【裁判结果】

上海市黄浦区人民法院于2018年2月6日作出（2017）沪0101民初

13670 号民事判决：解除涉案《募集说明书》；乙公司支付甲公司票据本金并赔偿相应利息损失。乙公司不服一审判决提起上诉。上海市第二中级人民法院于 2018 年 6 月 28 日作出（2018）沪 02 民终 3136 号终审判决：驳回上诉，维持原判。

【裁判理由】

法院认为：《募集说明书》为甲公司与乙公司之间的有效合同，双方均应全面履行合同约定的各自权利义务。

乙公司在募集时对公司股权结构作不实陈述，在涉案票据存续其间，未披露转让票据用途、所涉公司股权及控股股东变更等重大事项，亦未按约定期披露年报和季报，已构成《募集说明书》项下的违约事件。债券持有人通过流通债券实现自己的经济利益是其持有债券的重要目的之一，也是债券市场存在的重要价值之所在。披露募集资金用途变更、发行人控股股东变更、资产转让、定期财务报表等信息，属于企业重大事项信息披露的最低要求。乙公司多次未按约披露信息，直接影响投资者对企业信用风险、投资价值的判断，以及投资者的投资信心，从而导致涉案债券缺乏市场流通性。据此，甲公司欲通过出售票据收回本金的目的已难以实现，故乙公司未披露公司重大事项之行为已构成根本违约。

此外，乙公司主体及涉案债券的信用等级均被联合资信从发行债券时的 AA + 级下调至 C 级，代表该公司已不能偿还债务。乙公司未能按约履行其他多支债券的给付义务，并于 2016 年 12 月至 2017 年 1 月，转让了其持有的四家公司的全部股权。上述事实充分体现了乙公司的偿债能力在合同签订后已明显下降。

在此情形下，甲公司通过函件、债券持有人会议等形式要求乙公司提供履约担保或提前兑付系争债券，乙公司拒绝履行。甲公司据此要求解除双方合同关系，于法有据，故法院予以支持。

【裁判意义】

永续债是近年来发展较快的国内非金融企业债券产品，与普通债券相比，其最大的特点是无固定到期日、发行人可递延支付利息并有权决定是否行使赎回权。该特点导致永续债持有人在救济途径上较为被动，对于发行人在募集期及债券存续期未尽到如实披露义务是否足以影响投资者理性的投资判断以及后续的投资决策，以及对于发行人递延支付利息、不予赎回的行为，持有人无法援引法律层面的依据加以限制，并且在永续债是否到期及利息是否支付几乎完全取决于发行人的情况下，持有人如何举证证明发行人存在根本违约、要求解除合同，存在巨大的法律障碍。本案判决体现了法院对于新类型金融产品的结构性深度理解、法律规定的透彻掌握以及法律技巧的适当运用，在缺乏具体法律规定和监管规则的情况下，尊重双方合同约定，并以《合同法》第九十四条关于根本违约的规定出发，综合分析发行人怠于履行披露义务、重大资产变更、相关评级下降等因素，结合永续债持有人的投资目的和获利方式，从而认定发行人的行为足以构成根本违约，支持持有人要求解除合同、支付票据款并赔偿相应利息的诉请。本案判决对于维护债券市场稳定、保护投资者权益而言存在重要意义。

分级基金网上交易系统显示错误引致的赔偿责任裁量原则

——甲某诉乙公司、乙公司营业部证券投资基金交易纠纷案

【裁判要旨】

分级基金交易中，证券公司应对其指定客户使用的交易软件故障风险承担责任。认定损失金额时，根据基金总体走势、客户交易过程等合理推断损失计算的起点；责任分配时，根据市场风险、操作风险与故障报错之间的因果关系，合理分配证券公司应当承担的责任。

【基本案情】

甲某在乙公司营业部开户，使用乙公司指定的钱龙系统进行交易。2015年7月13日，甲某通过钱龙交易系统购买了易方达基金公司作为管理人的150107易基中小板B基金。2015年8月25日基金交易收盘后，甲某收到下折短信提示后发现网上交易系统显示的基金净值数据存在严重错误。甲某自2015年7月13日购入易基中小板B基金，之后走势平稳，但事后得知持有系

争基金的35个交易日中，有10个交易日出现基金净值显示错误的情况，特别是下折前关键的6个交易日中有4个交易日（分别为8月19日、8月24日、8月25日、8月26日）出错，8月26日该基金发生下折，8月28日恢复交易，8月31日甲某抛出所有基金。甲某认为基金净值显示错误误导客户判断，使其遭受巨大损失，故诉请要求乙公司、乙公司营业部赔偿其损失共计148502元。

【裁判结果】

上海市黄浦区人民法院于2016年12月19日作出（2016）沪0101民初11015号民事判决：乙公司营业部、乙公司赔偿甲某经济损失30000元；驳回甲某其余诉讼请求。甲某不服一审判决提起上诉。上海市第二中级人民法院于2017年5月19日作出（2017）沪02民终1089号终审判决：驳回上诉，维持原判。

【裁判理由】

法院认为：在综合考量合同双方掌握信息、控制风险能力以及因网上交易系统获利情况等因素后，经平衡证券公司与投资者之间利益，认定证券公司需对因系统故障风险承担较多的责任。1. 证券公司负有向投资者提供作决策时参考的正确信息及资料之义务，涉案基金报错非不可避免的客观原因所致，超出了数据传输延迟的合理期间，故乙公司与乙公司营业部需承担违约责任。2. 关于基金净值显示错误导致的损失。各方对止算日及计算方式无异议，争议点在于起算日，甲某主张首次以报错日8月19日为准，但未能向法院说明其具体止盈措施，且法院根据该日之后两日净值显示正确情况下甲某的实际交易行为推断，甲某在8月19日看到正确的基金净值后必定选择空仓离场的可能性极小，故否定以该日作为起算日，转而认定下一个报错日为起算日。止算日的交易价格在最高价和最低价之间酌定中间价1.112元来计算损失，损失额为94542.89元。3. 因果关系问题。法院认为，分级基金净值并非判断分级基金风险的唯一因素；综合甲某当庭的陈述及交易习惯，下折日前即便钱龙软件显示了正确的净值，也并不足以使甲某作出以跌停价的价格抛售所有基金的决定；甲某的损失与当时的系统性风险密切相关；即使甲某在8月24日开盘后即委托交易，是否能够在价格大幅下跌的市场中实际成交仍存在一定的不确定性；钱龙软件并非甲某获取基金净值的唯一渠道。综上，法院认为，虽然钱龙软件显示的基金净值存在延迟现象，但并非影响甲某作出交易决策的唯一因素。因此，酌情认定乙公司、乙公司营业部应当赔偿甲某经济损失30000元。

【裁判意义】

网上证券交易以其成本低、效率高、信息全面、自由度高等特点受到越来越多投资者的青睐，成为主流证券交易方式。由于网上证券交易高度依赖网络技术，存在因网络系统故障而影响正常交易的风险。本案判决确立了证券公司需对因系统故障风险承担较多责任的原则，具体到案情，投资者使用证券公司指定的交易软件显示的分级基金净值存在严重延迟，证券公司需对此承担较多责任。在具体认定责任范围和因果关系方面，需要综合分级基金的交易特点、市场总体走势、投资者具体操作行为等因素，厘清市场风险、操作风险与净值显示错误引致的损失，合理认定净值显示错误所导致的损失大小。本案系争分级基金的下折损失发生于2015年股灾期间，分级基金本身属于风险较高、专业性较强的交易品种，该案判决集中体现了司法对市场的尊重和规制，合理平衡产品创新与投资者利益保护，维护了正常的金融秩序。

违反禁止性规定的变相期货行为应认定无效

——甲某诉乙贵金属经营公司、丙商品交易市场委托理财合同纠纷案

【裁判要旨】

交易主体仅具有现货交易的资质，但其交易行为具备采用标准化合约方式进行、保证金交易模式、反向操作或对冲平仓了结权利义务、集中交易等特点，且不以实物交收而是以在价格波动中通过对冲平仓获取差额利益为目的，则该交易行为应认定为变相期货交易，违反法律禁止性规定而归于无效。

【基本案情】

乙公司的经营范围为金属材料。丙交易市场的商品交易种类为贵金属现货交易。乙公司与丙交易市场约定，丙交易市场为乙公司提供会员席位及交易、

结算、交割设施和服务，乙公司向丙交易市场缴纳综合类会员费。乙公司按丙交易市场规定留存履约保证金。甲某系乙公司客户，《客户协议书》载明：乙公司作为丙交易市场的会员，与甲某就丙交易市场上市的所有品种进行交易；交易品种采用保证金的形式进行；甲某需支付手续费、延期费等。乙公司以“投资者账户风险率”来计算投资者的持仓风险，风险率的计算方法是：投资者账户风险率=投资者权益÷持仓占用交易保证金。当投资者账户风险率小于100%时，投资者交易保证金不足，需要追加交易保证金，否则投资者只能减少持仓数量，直至账户风险率等于或大于100%；当投资者账户风险率小于50%时，交易中心将投资者剩余持仓进行全部强行平仓。《客户协议书》所附《风险提示书》还载明：1. 投资者需要了解交易中心的贵金属交易业务具有低保证金和高杠杆比例的特点，投资者必须有条件满足随时追加保证金的要求，否则将被强行平仓；2. 交易中心以贵金属现货市场价格为基础，该价格可能会与其他途径的报价存在微弱的差距。丙交易市场交易规则为：会员可以选择交易市场中间指导价或者根据实际情况自行定价作为挂牌交易价，中间指导价指交易市场采用伦敦（LME）即时行情价格，综合中国人民银行人民币兑换美元基准汇率作为中间指导价；现货挂牌交易采用预付交易保证金的形式进行。

甲某在丙交易市场提供的金属交易系统中就商品“白银批发100kg”及“白银批发50kg”进行了高频交易，合计亏损130余万元，故甲某来院诉讼，要求乙公司返还亏损，丙交易市场对上述损失承担连带责任。

【裁判结果】

上海市虹口区人民法院于2017年1月9日作出（2015）虹民五（商）初字第4948号民事判决：乙公司、丙交易市场返还所收取的手续费、延期费；乙公司偿还甲某70%交易损失，丙交易市场承担连带偿付责任。乙公司、丙交易市场不服一审判决提起上诉，上海市第二中级人民法院于2017年5月26日作出（2017）沪02民终2824号终审判决：驳回上诉，维持原判。

【裁判理由】

法院认为：关于涉案交易行为的定性问题，根据《期货交易管理条例》以及证监办发〔2013〕111号《关于认定商品现货市场非法期货交易活动的标准和程序》之规定，认定交易活动是否为期货交易，应主要结合形式、目的两方面因素进行判断。就形式要件而言：第一，交易是否以标准化合约的方式进行；第二，是否采用保证金交易模式即通常说的“杠杆”；第三，是否可通过反向操作、对冲平仓方式了结自己的权利义务；第四，是否通过集中交易方式进行交易。就目的要件而言，交易是以实物交收、转移商品所有权为目的，还是只以在价格波动中通过对冲平仓获取差额利益为目的。

本案中，从形式要件来分析，第一，甲某在建仓单时主要是选择买、卖及手数，并不能对交易商品的其他参数进行选择，应认定交易标的具有同质性，合同格式系标准化合约。第二，《客户协议书》及《交易规则》均表明涉案交易采取保证金交易模式。第三，涉案白银交易均系通过卖出（买进）白银来对冲之前所买进（卖出）的白银，即该交易采用了对冲平仓的方式了结自身权利义务。第四，就交易方式而言，乙公司不断地向众多投资者提供报价并按照自身报价付出资金与之成交从而为市场提供即时性和流动性，符合做市商机制特征，涉案白银交易方式具有集中交易特征。从目的要件来分析，涉案白银交易从未进行过实物交割，且甲某在没有白银现货的情况下，在丙交易市场上进行的首笔交易即为“建仓－卖出”，丙交易市场作为交易平台亦允许投资者进行这样的操作，故认定涉案交易并不以白银实物交付为交易目的。综上，法院认为涉案白银交易在形式要件和目的要件上均符合期货交易特征，应认定为非法期货交易。根据《期货交易管理条例》第四条和第六条的规定，涉案白银交易违反了法律、行政法规的强制性规定，应为无效。

关于甲某亏损的负担问题，合同被认定无效后因合同取得的财产在合同无效后均应予以返还，如还有损失，则根据各当事人过错程度承担损失。对于乙公司及丙交易市场从无效的白银交易中所获得的手续费、延期费均应返还。至于交易亏损，因该损失产生主要系因乙公司利用其熟悉并掌握的贵金属交易规则采用非法期货形式与甲某进行白银交易所致，故其对损失应当承担主要责任。但甲某作为完全民事行为能力人，对理财市场风险应具有一定认知，其在未经核实的情况下轻信投资电话，并将身份证、银行卡照片等重要信息传送他人，足见其参与此次白银交易的不谨慎，对交易亏损具有一定过错，应承担一定责任。故法院认定乙公司对交易亏损金额承担70%的主要责任，甲某承担30%的次要责任。丙交易市场作为交易平台，应对有关交易结算、交割的系统设置和服务进行维护、管理，保障投资者在交易平台中所进行的交易合法有效，故对于交易亏损部分，丙交易市场在乙公司70%的责任范围内承担连带责任。

【裁判意义】

场外非法期货行为是当前金融市场多发的一种非法行为，破坏了证券期货市场的健康发展。本判决通过提炼、归纳期货交易的特征，将涉案交易模式进行分解对比，认定涉案交易行为具有期货交易的形式要件和目的要件，从而厘清了此类案件的裁判思路。本案由司法机关直接作出涉案交易行为无效的判决，弥补了投资者的巨额损失，较好地保护了投资者利益，对规范证券期货交易秩序具有积极意义，为资本市场的健康运行和金融市场风险防范提供良好的司法保障。

广东高院发布加强民营经济司法保护十大典型案例

维护企业家人身安全

一、基本案情

2003年4月，东亚公司注册成立，由麦某夫妻二人投入注册资金50万元，登记股东为麦某、陈某和苏某，麦某任该公司法定代表人。同年7月，麦某代表东亚公司与大岭山房地产公司、颜屋村委会签订《土地使用权转让合同书》，取得750亩土地进行开发。随后，麦某以东亚公司的名义陆续向该土地投资项目支付1010余万元。2004年1月，麦某以东亚公司法定代表人身份要求终止履行上述合同，并以长新公司（股东为麦某夫妻二人）名义重新与颜屋村委会和大岭山房地产公司签订新的《土地使用权转让合同书》，又以长新公司等多个公司名义支付土地开发相关款项。2005 年 6 月，麦某与陈某用两人共有厂房做抵押，以东亚公司名义贷款 660 万元，用于长新公司等多家公司的经营活动。2006 年 4 月，陈某向公安机关报案。公诉机关指控麦某犯职务侵占罪、挪用资金罪。同年 8 月，麦某提前偿还上述尚未到期的贷款。

二、裁判结果

广东省高级人民法院生效裁判认为，虽然东亚公司登记的股东有三人，但现有证据可以证明东亚公司注册资金、增加注册资金以及经营期间的主要资金均由麦某提供，本案证据不足以认定麦某的行为构成职务侵占罪和挪用资金罪，故于 2018 年 1 月依法裁定驳回抗诉，维持原审法院宣告被告人麦某无罪的生效裁判。

三、典型意义

企业在生产经营中的某些行为属于经济纠纷还是刑事犯罪，是司法实践中容易混淆的难点问题。本案历经一审、二审、再审等审理程序，从认定有罪到宣告无罪，充分体现了人民法院以历史和发展的眼光客观看待民营企业因经营不规范所引发的问题，严格遵循罪刑法定、疑罪从无原则，坚决防止将经济纠纷当作犯罪处理、将民事责任变为刑事责任。该案对于加大民营企业家的人身安全保障力度，增强民营企业的安全感具有重要意义，同时为企业家依法经营企业和办案机关办理相关案件提供有益参考。

净化企业经营环境

一、基本案情

2015 年 10 月至 2016 年 7 月期间，何厅等人通过直接承租或转租的方式，陆续向雷州丽达出租车公司承租 18 辆出租车，运营雷州市至湛江市赤坎区、麻章区的客运线路。期间，因争抢客源，多次与其他出租车司机发生冲突。2016 年 9 月起，何厅等人成立联合运营车队，为控制出租车客运路线，以恐吓、堵塞、放轮胎气、滋扰、哄闹、聚众造势或持凶器殴打等手段大肆实施强迫交易、扰乱社会秩序等违法行为，恐吓出租车司机26人次，造成出租车司机3人受伤。同年11月，何厅等人纠集人员扰乱雷州丽达出租车公司经营秩序，导致该公司停止办公两天。

二、裁判结果

雷州市人民法院以组织、领导黑社会性质组织罪、强迫交易罪、聚众扰乱社会秩序罪，判处何厅有期徒刑十年，并处没收财产。其他5人判处有期徒刑五年至四年。湛江市中级人民法院于2018年11月维持原判。

三、典型意义

黑恶势力严重危害民营企业正常生产经营活动以及经营者的人身财产安全。本案中，人民法院把促进民营经济健康发展和扫黑除恶专项斗争紧密结合起来，依法严惩危害社会稳定和经济发展的涉黑涉恶犯罪，严厉打击黑恶势力欺行霸市、强买强卖等严重侵害民营企业财产权利的犯罪行为，有利于增强民营企业经营者的安全感和投资信心，为企业健康发展创造良好的法治营商环境。

规范财产保全行为

一、基本案情

1992年11月，大石公司与金城公司、庄臣公司签订房地产合作合同确认成立金丰公司。1999年7月，中国国际经济贸易仲裁委员会深圳分会裁决金丰公司进行清算。2012年3月，广州仲裁委员会裁决金丰公司将涉案土地退回金城公司名下。此后，庄臣公司通过一系列诉讼申请财产保全查封涉案土地，新常兴城公司提供财产保全担保，导致涉案土地一直处于查封状态，无法过户至金城公司名下。金城公司遂诉至法院，请求新常兴城公司赔偿因提供诉讼保全担保错误查封涉案土地所造成的损失。

二、裁判结果

广州市番禺区人民法院认为，庄臣公司与金城公司因合作经营金丰公司引发的多起纠纷，已有多份生效判决和仲裁裁决予以处理，但庄臣公司仍接连提起仲裁、诉讼，连续申请查封涉案土地。庄臣公司主观上阻止金城公司取得涉案土地的意图明显，客观上其主张的实体权益亦未得到法院或仲裁委的支持。因此金城公司要求担保人赔偿涉案地块两次被查封期间的损失，并无不当。故判决新常兴城公司赔偿金城公司损失 4500 余万元。广州市中级人民法院于 2018 年 10 月维持原判。

三、典型意义

民事诉讼法赋予当事人申请财产保全的权利是为了保障生效裁判的执行，当事人不得滥用该权利去妨碍他人行使合法权益。本案中，庄臣公司多次恶意申请财产保全，严重影响了金城公司的正常经营活动。人民法院依法认定庄臣公司的诉讼保全行为错误并判决担保人新常兴城公司承担赔偿责任，有力保障了金城公司的正常生产经营，对于依法规范财产保全申请行为，引导企业诚信经营和合法行使诉讼权利，具有积极意义。

依法审理股东权利纠纷

一、基本案情

2007 年 7 月，真功夫公司设立，投资人（股东）蔡达标任法定代表人及董事长。2011 年 4 月，蔡达标因涉嫌经济犯罪被依法刑事羁押。2013 年 11 月，真功夫公司董事会决定召开 2013 年第二次临时董事会会议，并采取特快专递的方式向蔡达标的身份证住址邮寄送达会议通知。由于会议当天董事人数未达到公司章程规定，故会议主持人潘宇海宣布会议延后 15 天举行，并以同样方式向蔡达标邮寄送达会议通知。同年 12 月，真功夫公司第二次临时董事会议召开，其中未到会的蔡达标、黄健伟董事权利由会议主持人潘宇海代为行使，会议全票通过选举潘宇海为公司董事长等六项决议。2014 年 2 月，蔡达标以临时董事会会议的召集程序、表决方式及董事会决议内容违反公司章程为由诉至法院，请求撤销涉案董事会决议。

二、裁判结果

广州市天河区人民法院认为，涉案董事会召集程序违反公司章程，判决撤销涉案董事会决议。广州市中级人民法院认为，真功夫公司应按照公司章程规定向蔡达标送达会议通知。真功夫公司在明知蔡达标被羁押情况下，仍仅向其身份证地址邮寄会议通知，显然未尽合理、谨慎的义务，不符合章程“适当发出”的要求。涉案董事会的提案内容中有多项与蔡达标本人切身利益密切相关，该通知瑕疵不属于轻微瑕疵。故于 2018 年 6 月维持原判。

三、典型意义

真功夫公司作为我国快餐连锁行业知名企业，其股东之间的股权纠纷、公司控制权之争一直都是舆论焦点和热点。本案中，人民法院对董事会会议的召开程序、决议内容进行合法性审查，及时纠正不合法的公司决议，妥善处理股东之间、股东与公司之间等利益冲突，从程序上将股东权利的司法救济落到实处，切实保护了股东的合法权益，对民营企业实现法治化管理、健康稳定发展起到促进作用。

强化知识产权保护

一、基本案情

腾讯公司是电视剧《北京爱情故事》的独家信息网络传播权人，并在其运营的“腾讯视频”APP 上向公众提供该作品的在线观看等服务。2015 年 5 月，腾讯公司发现千杉公司在其运营的“电视猫”视频 APP 上提供《北京爱情故事》的在线播放和下载服务；经技术鉴定，“电视猫”视频 APP 在播放该作品时，通过技术手段破解由腾讯公司安全防范措施后，获取了“腾讯视频”服务器中存储的视频数据。腾讯公司遂诉至法院。

二、裁判结果

深圳市南山区人民法院认为，千杉公司在其运营的“电视猫”视频 APP 上提供涉案作品的在线播放服务，该盗链行为属于著作权法第四十八条第六项规定的侵权行为；同时亦系未经权利人许可的作品再提供行为，使涉案作品的传播超出了腾讯公司的控制范围，侵害了其信息网络传播权。故判决千杉公司停止侵权，并赔偿腾讯公司经济损失及合理维权费 11 万元。深圳市中级人民法院于2018年11月维持原判。

三、典型意义

本案被告运营的视频聚合软件破坏权利人网站访问请求技术保护措施，如不加以规制，将会对有序竞争的网络视频行业造成巨大危害。本案的依法处理，为探索新技术背景下著作权侵权认定标准提出了有益的经验，为审理此类新类型案件提供了参考。人民法院全面落实最严格的知识产权司法保护政策，通过加大对侵害知识产权行为的惩治力度，保护了民营企业的重要知识产权权益，树立了对行业的正向激励导向，激发创新创业活力。

依法平等保护民营企业

一、基本案情

济南三星公司是名称为“路灯（LED－D133）”外观设计专利的专利权人。2016年5月，遵义市中心城区路灯升级改造工程二标段开标，招标人为遵义市城管局，中标人为中机公司。中机公司与科美奇公司签订《订货合同》，约定由科美奇公司向其提供“高度9米双臂路灯”，该路灯图片由遵义市城管局指定使用。济南三星公司认为上述路灯的外观与其专利构成近似，遂诉至法院。

二、裁判结果

广州知识产权法院认为，被诉侵权设计与本案专利构成近似，科美奇公司及其投资人生产、销售被诉侵权产品的行为构成侵权；遵义市城管局曾在之前的案件中因侵犯同一专利权签订过调解书，明知有关产品被授予专利权，仍要求施工方中机公司按与本案专利相近似的路灯效果图和施工设计图采购路灯，教唆侵权行为成立。故判决三被告停止侵权并连带赔偿济南三星公司经济损失及合理费用18万元。广东省高级人民法院于2018年10月维持原判。

三、典型意义

政府机关、社会团体和其他组织在公共服务、公益事业、慈善事业中未经权利人许可实施他人专利的行为，仍然构成侵害专利权，应当赔偿专利权人的损失。本案中，遵义市城管局与他人共同制造侵害本案专利权的产品，损害了济南三星公司的合法利益，不能以其提供公共服务为由而免责，人民法院在坚持对各类市场主体平等保护原则的基础上，依法判决停止侵权、赔偿损失，既平等保护了民营企业的合法权益，也有利于督促行政机关依法提供公共服务，有效促进各类主体在市场竞争中良性发展。

促进村企和谐共融

一、基本案情

2010 年 5 月，低陂村委会受委托与远豪公司签订《农村土地承包经营权流转合同》，将各农户承包的水田、旱地约 2000 亩出租用于观光旅游、生态农业开发等。远豪公司向低陂村委会支付承包押金 200 万元，并依约交纳了 2010 年、2011 年承包款。此后，远豪公司使用其中 270 亩土地建猪舍并支付了复耕押金。张某等 51 户农民收取了承包押金、复耕押金及 2010 年与 2011 年承包款。后因承包款支付问题等发生争议，该 51 户村民诉至法院请求解除合同并支付拖欠的承包款。

二、裁判结果

博罗县人民法院认为，远豪公司未按合同约定交纳承包款，故判决解除远豪公司与 51 户村民签订的土地承包经营权流转合同，并支付 51 户村民 2012 年承包款。惠州市中级人民法院认为，根据本案的实际情况和远豪公司愿意继续承租其已经实际使用部分土地的意愿，将该部分土地继续交由远豪公司承租，才能促进远豪公司复垦和利用土地，从根本上保障村民的权益。故于 2017 年 10 月主持调解促成 39 户村民与远豪公司达成调解协议，对未实际使用部分土地的合同予以解除，对已经实际使用部分土地的合同继续履行。另于同年 11 月判决解除 12 户村民与远豪公司在未实际使用部分土地中的租赁关系，继续履行已经实际使用部分土地的合同。此后，还督促远豪公司向 51 户村民支付了拖欠的承包款。

三、典型意义

土地作为生产要素，是企业运转和发展的重要保障。本案中，人民法院经现场调查并召开村民代表会议，在确认土地实际使用现状的基础上引导促成村民和远豪公司和解。本案的处理同时兼顾考虑村民的合法权益和企业继续投资所能创造的经济价值，最终达到村企共赢之效，对于人民法院处理利益结构与本案相似的群体性纠纷具有较大的示范意义。

支持企业“涅槃重生”

一、基本案情

一百铜业公司、一百门窗幕墙公司、一百投资公司、百业公司、一百房地产公司、一百铝业公司，为一百集团旗下六家关联公司。2015 年 1 月，六家公司以不能清偿到期债务为由，向法院提交破产重整申请。经查：百业公司自身债务不大，但与另外五家公司互联互保，对外担保债务竟达 8 亿多元；以上六家公司资金链断裂，无法维持正常生产经营，明显丧失清偿能力；部分供货商及银行起诉六家公司并查封部分资产。

二、裁判结果

佛山市中级人民法院收到破产重整申请后，依法召集 22 家银行金融机构及供货商代表，听取对六家公司申请破产重整的意见。2015 年 2 月，法院举行听证会，对部分银行提出的异议再次听证。同年 3 月，法院对破产原因及重整可能性进行审查后，裁定受理百业公司等六家公司的重整申请，并指定管理人接管百业公司。同年 6 月，管理人召开第二次债权人会议，会议通过以新投资人注入资金的方式清偿债务的重整计划（草案）。法院裁定批准重整计划并终止百业公司重整程序。自此，百业公司进入重整计划执行阶段。

三、典型意义

司法实践中，人民法院既要依法让缺乏生机的企业有序退出市场，也要积极促进具有经营价值的企业走出经营困境。本案中，人民法院经调查确认百业公司等六家公司资产优质，存在通过破产重整盘活资产、恢复生产经营的可能，若破产清算，将导致近1300名员工失业，严重影响社会稳定，故将六家公司合并破产，并通过破产重整程序帮助百业公司恢复生机，重返市场，实现了债权人、债务人以及企业员工等其他利益主体多赢的局面。

妥善处理招商引资纠纷

一、基本案情

2005年，温泉公司与城口镇政府订立《仁化县城口镇温泉项目投资开发合同书》，约定温泉公司在当地投资开发温泉项目，项目土地由城口镇政府负责提供，温泉公司向城口镇政府支付项目用地转让金。2013年，省政府批准当地将含涉案项目用地在内的16余公顷集体土地征收为国有。2016年，仁化县政府将部分项目用地公开挂牌出让，由韶关丰源公司竞得。温泉公司遂诉至法院，请求确认《仁化县城口镇温泉项目投资开发合同书》及补充协议有效，并判令仁化县人民政府、城口镇政府继续履行合同，赔偿投资款2200余万元，违约金、利息和可得利益2400余万元。

二、裁判结果

韶关市中级人民法院认为，项目用地当时属于集体土地，城口镇政府无征地权限，投资开发合同属无效合同，对此双方都有过错，应各自承担相应责任，故判决城口镇政府赔偿温泉公司投资款2200余万元。温泉公司上诉后，广东省高级人民法院主持调解。经仁化县人民政府同意，城口镇政府与温泉公司达成调解协议，终止开发合同，城口镇政府退还温泉公司投资款2200万元，补偿投资利息1600万元，温泉公司将投资形成的所有资产、已取得许可证移交城口镇政府。广东省高级人民法院于2018年8日作出行政调解书，确认调解协议合法。

三、典型意义

本案是地方政府的招商引资争议通过人民法院得到实质化解的典型案例。违法的行政协议条款固然不能继续履行，但企业的正当利益仍应予保护，有关损失应由各方根据过错程度分担。本案中，镇政府没有征地、供地的权限，却向温泉公司承诺提供土地，温泉公司投入各项开发费用后，却因项目用地被其他企业竞得导致开发目的落空。人民法院通过调解，既妥善保护了民营企业的正当利益，也有力规范了当地政府的招商引资行为，实质性化解了行政争议。

保障民营企业胜诉权益

一、基本案情

海丽花园公司与澄海国土局合同纠纷一案，广东省高级人民法院作出生效判决，判令澄海国土局应返还海丽花园公司预付土地款4910万元，并按银行同期同类存款利率赔偿海丽花园公司的利息损失。由于澄海国土局没有按期履行还款义务，海丽花园公司于2014年3月向汕头市中级人民法院申请强制执行。

二、执行过程

执行过程中，法院依法查封澄海国土局名下3辆小汽车及22辆摩托车，冻结其存款2万元。澄海国土局还款1300万元后未履行全部还款义务，本案尚未执行完毕。2018年1月，海丽花园公司申请恢复执行，申请执行标的为8850余万元。执行中，法院依法向澄海国土局发出《恢复执行通知书》等法律文书，责令其履行还款义务；向澄海区政府发函，并向汕头国土局通报案情，请其督促澄海国土局自觉履行义务；约谈澄海区政府主要领导，明确告知拒不履行的法律后果及政治影响。后澄海国土局主动与海丽花园公司协商达成执行和解协议，并履行全部还款义务。

三、典型意义

本案是人民法院依法妥善处理涉行政机关拖欠民营企业执行案款的典型案件。实践中，少数行政机关被执行人存在拒不履行或消极履行法院生效裁判的情形，此类案件久执不结将导致当事人和人民群众对司法公信产生质疑，不利于诚信社会建设和执政公信力提升。本案中，人民法院综合采取协调、督促、约谈等方式，用足用好执行强制措施，最终兑现了民营企业的胜诉权益，对于平等保护民营企业合法权益，促进行政机关带头履行生效判决，具有良好的示范作用。

[司法实务问题研究]

农民资产授托代管融资模式的司法探讨

蒋玲玉*

习近平总书记在党的十九大报告中提出实施乡村振兴战略的科学部署，最高人民法院于2018年2月发布《关于认真学习贯彻〈中共中央国务院关于实施乡村振兴战略的意见〉的通知》，指出各级人民法院应充分发挥审判职能作用，依法妥善处理乡村振兴战略实施过程中的各类矛盾纠纷，为推动农业全面升级、农村全面进步、农民全面发展，提供有力的司法服务和司法保障。农村金融作为农业经济的核心，在农村及农业经济发展中具有不可替代的作用，也是乡村振兴战略实施的重要方面。2011年底，温州市承担起“农村产权制度改革”的试验任务，旨在构建完整、清晰的农村产权制度体系及产权价值实现体系。2012年温州市委、市政府下发《关于推进农村金融体制改革的实施意见》，2015年10月瓯海区率全国之先推行农民资产授托代管融资新模式，打破了银行现有的“非抵押登记不贷、非担保不放”的传统贷款模式，确实惠及乡村的千家万户，对于优化农村金融环境、壮大村级集体经济、促进乡村振兴具有重要意义。在实施金融普惠工程过程中出现了农户违约逾期不归还贷款的情况，对授托代管农民资产的处置权法律判断直接影响该种金融模式的进一步发展，因此对农民资产授托代管融资行为的法律定性进行判断并提出融资行为司法保障的路径，对规范农村金融发展为乡村振兴提供良好的经济环境具有重要意义。

* 作者单位：温州市瓯海区人民法院梧田法庭。

一、农民资产授托代管融资的主要内容和创新

瓯海区国土面积466平方公里，下管辖12个街道、1个镇，农村人口约15万~16万，占全区户籍总人口的35%左右。2015年10月，温州市瓯海区在全国率先推行农民资产授托代管融资模式：农户用自有的动产、不动产及其他经济权益，经由温州瓯海农村商业银行股份有限公司、供销社合资组建的温州瓯海农合实业发展公司的评估和托管，便能获得农商行的授信和贷款。这种新型融资模式激活了农村巨量沉睡资产，实现农户增信、资产增值，有效破解了农村融资“二难一贵”的难题，惠及全区90%以上村居农户。

（一）农民资产授托代管融资模式的主要内容

农民资产授托代管融资模式是农户授托自有的有价资产，采取书面承诺方式向贷款金融机构申请贷款，授托资产包括农村商业经营房、股份经济合作社股权、林权、农业装备、农畜产品、农业商标、品牌认证（书）、农房拆迁协议安置房和小微厂房、汽车、贵重物品等农民认为有经济价值、银行认为可以托管的风险可控资产。农商行负责对农民授托代管的动产或不动产进行登记，村集体经济组织接受报备登记，房管、工商、林业、拆迁办等相关部门根据法规规定对登记的资产办理登记手续，确保授托期内对已经办理过授托承诺的动产、不动产不给予权属过户及重复担保登记。农户为授托方，银行为受托方，授托代管的资产在代管履行期间，财产处置权及处置收益归属银行所有，未经代管银行书面同意不得擅自处置代管财产。授托方贷款违约后银行可以依据签订的协议或合同进行处置。

（二）农民资产授托代管融资模式的创新

1. 实现从“确权”到“确值”的转变

农民资产授托代管融资模式明确农民凭借有经济价值的资产均可向银行申请融资。农村商业经营房、股份经济合作社股权等，只要农民认为有价值、银行认为风险可控的资产均列入授托范围，从机制上破除阻碍农户获得无抵押贷款的制约因素，最大程度地唤醒农民沉睡资产，激活农村资源，银行由注重传统抵（质）押物的权属证明上升为对资产价值的确认。

2. 实现从“法律关系”到“信用关系”的转变

农民资产授托代管融资模式是农户、银行方在尊重遵循信用体系的基础上建立起来的一种借贷关系。银行针对农户可托管资产对农户进行授信，农

户无须登记、无须担保、不用保险，只凭一纸承诺就可以实现贷款。此模式将农户信用和银行信誉进行了有效对接，将法律关系上升为银行和农户的信用关系。

二、农民资产授托代管融资行为的法律定性

农民资产授托代管融资包含了农民资产、授托代管、融资三个关键词，其中农民资产、授托代管行为及融资模式的具体操作方式与融资行为的法律定性密切相关，下面分别进行探讨。

（一）农民资产的分类及其涉及的法律规定

农民资产主要指动产、不动产及其他经济权益，其中动产包括农业装备、农畜产品、汽车、贵重物品等，不动产包括农房、农村商业经营房、农房拆迁协议安置房和小微厂房，其他经济权益包括股份经济合作社股权、林权、农业商标、品牌认证（书）。对于动产和其他经济权益来说，适用的担保方式有质押，而对于不动产来说，适用的担保方式为抵押。传统的金融融资行为一般需要提供抵（质）押物品，而对农民资产以授托代管进行融资，主要是因为代管的农民资产权属不完全性及农民资产生产属性。权属不完全性主要表现为农房、农村商业经营房、农房拆迁协议安置房和小微厂房的权属登记不完全，上述不动产有的仅登记了土地使用权，有的仅登记了房屋所有权证，大部分的农户不动产土地及房屋权属均未登记，导致无法按法律规定的程序要求办理抵押登记。另外，随着经济的高速发展，农村特别是城区范围内的村居街道或城中村，在原宅基地、原审批建设面积的基础上进行房屋扩建、改建一直在持续，即使原房屋进行权属完整登记，但在原权属基础上增加的建筑物的权属、价值如何确定（包括违章建筑的使用及处置等）？农民资产授托代管融资模式实为变财产抵（质）押为托管授信的融资行为，即授托代管后农民不动产因其具有的经济价值可视为抵押品，但无法产生法律意义上的抵押物。

根据我国《物权法》第二百二十三条的规定，可以质押的权利包括：汇票、支票、本票；债券、存款单；仓单、提单；可以转让的基金份额、股权；依法可以转让的注册商标专用权、专利权、著作权等知识产权中的财产权；应收账款；法律、行政法规规定可以出质的其他财产权利。可以说，权利质权的标的包括了所有权、用益物权以外的可让与的财产权。因此，对于农户所享有的林权、股权、知识产权等权利，在法律上可以适用质押；同时，权利质押在

程序上要采取移转权利凭证的占有、办理出质登记的方式。对于农户来说，只要权利已按规定办理相关登记手续，则完全可以适用质押行为从而为贷款提供担保。但对于农户所拥有的动产来说，因为上述动产可能是农户生产经营所必要的，无法转移占有，故农户的动产在其生产属性上与质押行为的程序要求相互抵触，在适用性范围方面有一定限制。

（二）授托代管行为的法律性质

从文义上来说，“授托代管”是指物的所有者或权利人将物或权利授权给他人代为管理的行为，故农民资产授托代管融资模式是以农户作为委托人，而接受委托的金融机构或农合公司作为受托人。从委托行为的法律构成要件来说，受托人根据委托人的授权并在授权范围内行为，但从权属上来说，物或权利的最终支配者仍为农户，且在委托期间农户可以主动或被动地终止委托事项，如拒绝配合相关程序要求。就涉案纠纷来看，贷款人在申请贷款时向农商行出具《自愿授权代管承诺书》，授权代管内容如下：债务到期后不能按期还本付息的，自愿在接到农商行通知后十日内腾空搬迁完毕，无条件且不可撤销地授权农商行或其转委托的瓯海农合实业发展有限公司对代管的资产以转让、流转、以物抵债等方式处置，以上所得收入由农商行优先偿还代管贷款债权。从契约自由角度来说，上述内容系当事人自行约定，意思表示明确，应从其约定，但考虑到代管的财产为农村集体土地上房屋资产，则处置的仅是宅基地上的建筑物，还是包括宅基地在内一并处置值得考虑。从银行与经济合作社所签订的代管贷款合作协议书的约定来看，银行要求经济合作社在代管财产处置交易、过户等方面给予协助，说明处置代管农民资产时包括宅基地在内完全处置。考虑到农房处置必然涉及过户等变更登记手续，若贷款人不遵照承诺约定的内容操作，对需要其协助的程序要求不予配合，其后果相当于终止委托处置，则将直接影响处置权的实现。综上，即使农户在融资时自愿作出承诺，授托代管行为在法律定性上仍宜认定为委托关系，代管行为并不必然约束农户的承诺，只有建立农村信用体系基础上承诺才能自发地约束农户的履约行为，降低融资行为的内在风险。

（三）融资模式的操作方式及其法律定性

农民资产授托代管融资模式操作方法主要分为三步。第一步，联审建档、预评授信。农商行在全区各村建立普惠金融服务站134个，配备联合协贷员130名，有贷款需求的农户可向村集体经济组织或农商行网点预约，农商行金融服务员和联合协贷员对申请农户进行走访，对接贷款需求。村集体经济组织、农商行、瓯海农合实业发展公司根据农户申请，对申请方的贷款资格、自有财产测算、偿贷能力等进行联合评估界定，三方议贷，确定授信额度，建立一户一档。第二步，协同登记、授托代管。对农户资产进行核实评估后，由村集体经济组织、农商行、瓯海农合实业发展公司进行登记和托管，其中动产类资产由瓯海农合实业发展公司代管，不动产由村集体经济组织负责，权利类证明资料的原件由农商行代管。第三步，对已登记和明确托管责任的农户，农商行发给资产授托代管融资准贷证，之后农户签署一份《授信承诺》，最快可在2小时内办完贷款业务。从上述流程可知，金融机构在确认农户拥有一定经济价值的资产后，均允许其向银行申请对等额度的融资，对农户资产包括动产、不动产及其他经济权益并没有按法律规定的程序要求办理相关手续，仅是建立授托代管资产情况表并在村集体经济组织报备登记。虽然相关文件明确“房产、土地等及其他具有权属登记职权的单位对授托期内已办理过授托承诺的动产、不动产备案后不给予权属过户及重复担保登记”，但对于授托代管的不动产资产相关职能部门有无办理登记手续及办理多少目前无法明确。另外，登记手续是否在现行法律法规框架之内并纳入不动产管理体系之中也无法明确。从法院审理的涉农民资产金融借款纠纷来看，金融机构提交的材料中并无相关职能部门登记农房不动产的相关资料，故对于融资行为农民资产并未办理抵（质）押担保相关手续。另外，农民资产授托代管融资模式将村集体经济组织纳入体系，但村集体经济组织并不为农户的融资提供担保，仅是协助金融机构完成贷前程序相关事项的审核、合同履行期间的监管及违约后资产处置相关事项。因此，在此种融资模式中，虽然引入村集体经济组织、瓯海农合实业发展公司等主体，但借贷关系主体仍是农户与金融机构，确认过的农民资产仅表明该农户拥有一定经济价值的资产。即使农户承诺其违约时金融机构可以处置资产，但上述承诺属于双方约定，并不产生法律意义上的担保作用和强制执行效力，因此农户与金融机构之间的借贷关系是在尊重遵循信用体系的基础上建立起来的一种借贷关系，是以农户的信用作为担保的一种借款关系。

三、融资人违约时代管资产的处置问题

2017年，因融资农户逾期不归还贷款，农商行向法院提起诉讼，涉案的两个农户在融资时均将农房进行授托代管，农商行提起诉讼要求贷款人归还贷

款本息，若贷款人不履行，温州瓯海农合实业发展有限公司有权依法拍卖、变卖登记在贷款人名下农房并就拍卖、变卖后的价款享有优先受偿的权利。上述诉讼请求基于贷款人《自愿授权代管承诺书》的内容，即贷款人承诺在其违约时金融机构可对代管的资产进行转让、流转、以物抵债等处置，所得收入优先偿还代管贷款债权。另外，对于涉案融资模式，瓯海区文件明确："授托代管的动产、不动产在代管履行期间，财产处置权及处置收益归属银行所有，未经代管银行书面同意不得擅自处置代管财产，授托方贷款违约后银行可以依据签订的协议或合同进行处置。"贷款人一旦违约就涉及农民资产的处置及优先受偿权的问题。

（一）处置及处置权问题

在我国台湾地区，有不少学者认为，和解契约具有认定和创设两重效力。例如，薛祀光先生认为，如果双方当事人争议的权利是债权时，订立的和解合同通常具有创设的效力，原来的债权因为和解而消灭，债权人另因和解而取得新债权；如果当事人争议的权利是物权或其他权利时，则依据其具体情形，可能仅有认定的效力或者转移的效力。史尚宽先生亦认为，应当区别不同情况，确定和解契约系具有创设的效力还是具有认定的效力。对于物权或者其他权利，史尚宽先生认为就需要视具体情况具体分析到底是创设还是认定的效力。例如，甲、乙互争一物，和解结果约定甲所有，该物若原为甲所有，则和解仅具有认定的效力；若原属乙所有，则该和解发生创设的效力。我国大陆地区亦有不少学者认为，和解协议兼具创设和认定效力，既可能是对原有权利义务内容的认定，也可能创设新的权利义务关系。

从农民资产授托代管融资模式的具体操作步骤及文件规定来看，申请贷款的农户拥有一定经济价值的资产，且金融机构在放贷时要求贷款人就违约后如何处置其资产用于偿债作出承诺，金融机构基于贷款人的承诺取得财产处置权，可以采用转让、流转、以物抵债等方式处置。也就是说，双方约定在贷款人不按约还款情况下，出借人可以变现农户资产的物上经济价值来实现其债权，双方通过贷款人承诺创设新的权利义务内容。上述行为可视为贷款双方就违约行为事先达成和解意向以保护债权人债权的实现。该和解属于私法意义上的协议，农户基于承诺与金融机构所达成的和解协议，对双方当事人均具有拘束力，农户无正当抗辩事由不得拒绝和解协议的履行。但是，上述转让、流转、以物抵债等履行方式属于私法范围内行为，可视为私法上的自行救济，只要农户予以协助配合即可；若农户像贷款违约一样不履行承诺约定，考虑农户资产的特殊性，金融机构想通过处置农民资产来实现债权将受到限制，若想通过诉讼方式来实现其债权，则农户承诺所创设的新权利义务能否上升到法律上的强制效力值得探讨。

（二）优先受偿问题

优先受偿权在法律上属于抵押权的范畴。优先受偿的概念来自于《物权法》第一百七十条担保物权的定义中，即“担保物权人在债务人不履行到期债务或者发生当事人约定的实现担保物权的情形，依法享有就担保财产优先受偿的权利，但法律另有规定的除外。”这说明优先受偿的基础需先设定担保财产，并根据担保的形式完成相应程序要求，才能享有优先受偿的权利。房屋类资产属于不动产范畴，享有优先受偿权须先进行抵押并办理抵押登记手续，但双方就涉案房屋仅约定了代管及处置，承诺内容中没有抵押的合意，也未进行登记，故金融机构要求优先受偿没有法定依据。虽然农民资产授托代管融资模式相关文件明确要求“房产、土地、农林、工商行政、公证机关及其他具有权属登记职权的单位对授托期内已办理授托承诺的动产、不动产备案后不给予权属过户及重复担保登记”，但事实上，该模式试行后，区房产、土地部门对已办理授托承诺的不动产没有进行备案登记，若相关职能部门在试行的同时对农民资产进行备案，则可参照预售登记等考虑优先受偿的可能性。

从约定来看，银行享有处置权利，但约定的处置方式为转让、流转、以物抵债等，系概括性约定，与目前原告主张的拍卖、变卖的具体方式存在区别。若双方在借款人违约后能通过协议确定折价或以拍卖、变卖方式处理代管财产，则可以考虑对双方协商的处置方式（拍卖、变卖）进行确认，不然法院无法直接认定银行可以拍卖、变卖方式对代管资产进行处置。同时，处置农民资产须考虑后期的过户等具体程序操作是否可行。如果法院根据农户承诺的内容判决银行享有处置权，则处置权如何表达，概括性表述时执行当中如何操作，特别是银行自行处置时是否会损害债务人的合法权益（如低价卖出等），买受人及债务人的其他债权人的合法权益如何保障，这些均需考虑。

四、完善农民资产授托代管融资的司法建议

（一）加快培育农村信用体系

农民资产授托代管融资模式创新突破了“非抵押登记不贷、非担保不贷”

的传统操作方式，将农户信用和银行信誉进行对接，将金融借贷中的担保法律关系上升为银行与农户的信用关系，即建立在农户与银行彼此尊重、遵守诚实信用原则基础上的一种借贷关系。信用关系是借款合同正常履行的保证。为有效推进农民资产授托代管融资模式，促进农村金融发展，需要强化以农户为主体的农村信用体系建设，营造良好信用氛围，优化农村金融生态环境，提升农民资产授托代管融资模式的信贷风险防范能力。一是建立对失信农户的惩戒机制，营造“守信激励、失信惩戒”的信贷市场环境。二是加强农户信用数据库建设。以浙江省农户信用信息基础数据库建设为载体，在村集体经济组织、街道、金融机构建立失信农户名单，及时更新和丰富内容，提升系统覆盖面，有效改进当前农村信用体系建设局面。三是进一步加强对农户信用知识、信用价值的宣传和教育，用实例教育农民提高信用意识，明确信用价值，引导其养成良好信用习惯。

（二）建立农村不动产预告登记制度

不动产预告登记是指为保全一项请求权而进行的不动产登记，该项请求权所要达到的目的，是在将来发生不动产物权变动。这种登记是不动产登记的特殊类型。其他的不动产登记都是对现实的不动产物权进行登记，而预告登记所登记的不是不动产物权，而是目的在于将来发生不动产物权变动的请求权。预告登记的本质特征是使被登记的请求权具有物权的效力。也就是说，进行了预告登记的请求权，对后来发生的与该项请求权内容相同的不动产物权的处分行为具有对抗的效力，这样所登记的请求权就得到了保护。

《物权法》第二十条规定：“当事人签订买卖房屋或者其他不动产物权的协议，为保障将来实现物权，按照约定可以向登记机构申请预告登记。预告登记后，未经预告登记的权利人同意，处分该不动产的，不发生物权效力。”预告登记的作用是限制房地产开发商等债务人处分其权利，即“预告登记后，未经预告登记的权利人同意，处分该不动产的，不发生物权效力”，以保障债权人将来实现其债权。因为购房人在与开发商订立预售合同后，只享有合同法上的请求权，该项权利没有排他的效力，所以购房人无法防止开发商将房屋以更高的价格出卖给他人即“一房二卖”这种情况的发生，在这种情况发生时只能主张开发商违约要求损害赔偿，而无法获得指定的房屋。在建立了预告登记制度的情况下，购房人如果将他的这一请求权进行预告登记，因为预告登记具有物权的排他效力，所以开发商违背预告登记内容的处分行为就不能发生法律效力。这些处分行为既包括“一房二卖”，也包括在已出售的房屋上设定抵押权等行为。因此，预告登记对解决类似商品房预售中“一房二卖”这样一些敏感的社会问题有着特殊的作用。依照《物权法》的规定，预告登记不仅可以针对当事人签订买卖房屋协议的情况，还包括签订其他不动产物权协议的情况。

针对农民资产授托代管融资模式，贷款人在贷款时作出承诺，一旦违约则金融机构可以对其名下的农房采取转让、流转、以物抵债方式进行处置，贷款人的承诺相当于其与金融机构就贷款违约行为对不动产物权达成预先和解处置的意向。对于预售商品房来说，商品房尚未建成，物的客体尚不完整，没有办法办理所有权初始登记；而对农户名下的农房来说，物的客体已存在，但因各种因素尚未进行权属登记。不管预售商品房还是农房，只要条件成就事实上均可以实现权属登记从而实现抵押权登记，因此从这一点来说农房与商品房的预告登记并无本质区别。

《土地登记办法》第六十二条对“土地权利转让的协议”上所产生的请求权规定了可以预告登记，同时该办法第二条规定土地登记包括土地抵押权的登记，在抵押人与抵押权人已经签订抵押合同但尚不具备抵押登记条件的情况下，抵押权人通过办理预告登记可以实现保全其基于抵押合同的请求权。对于农民资产授托代管融资模式来说，农户所拥有的农房因权属登记不完整，尚不具备抵押登记条件。按照上述规定，金融机构与农户在融资时就农房签订抵押合同，然后创新抵押登记服务体系对抵押权进行预告登记，即可实现保全其基于农房抵押合同的请求权，在农户违约时就可以通过诉讼确定其享有抵押权人的相关权利，从而实现其债权权利。

（三）完善农村不动产产权流转交易机制

根据上面的分析，农民资产授托代管融资虽然以一定经济价值的农民资产作为申请贷款的前提，但对农民所拥有的资产并未按法律相关规定办理质押或抵押等法定担保，故从法律上仍应认定为信用贷款。信用贷款协议履行的保证系农户的信用，直接加大金融机构融资的风险系数，也会影响农民资产授托代管融资模式的推进力度，影响农村金融服务体系的建设，进而影响农村经济的进一步发展。同时，农民资产授托代管融资模式在农户贷款前让农户作出一旦违约时其授托代管资产要被处置变现的承诺，对于资产特别是不动产的处置，必然涉及权属情况及转让时权属过户程序要求；同时因我国法律对农房的流转具有地域及其他方面的限制，对于农房产权的交易需要建立专项平台，才能提升产权价值的变现能力。温州城区内各街道管辖下的农房确权颁证工作仍未完全开展，特别是仙岩、丽岙等离城区较远的街道仍有一定数量的农房未完成确权，必然影响农房的处置变现。完成农房的确权工作可以规范农村房地产的管理，农户也直接可以农房进行抵押贷款。这一方面可以增加贷款的额度，另一方面也降低了金融机构的融资风险，在信用融资的基础上增加农房抵押融资，更好地推进农村产权及金融机制的良性互动发展，为乡村振兴战略实施提供良好金融环境。为此，首先要对瓯海区域内各街道的农房进行摸底排查，弄清农房的权属登记现状，如房屋所有权登记、土地登记；其次，在明确农房的权属登记情况下，通过确权颁证明晰农房等产权的归属，为农房的合法合规流转奠定基础；最后，推进农村产权交易市场的培育，建立农村产权交易平台，依法开展土地承包经营权、宅基地使用权、股权等各类产权交易，在贷款人违约时通过交易平台实现权益变现从而保障债权的实现。

[新类型疑难案例选评]

梁某好诉陈某华、赵某浪、中国人民财产保险股份有限公司深圳市分公司机动车交通事故责任纠纷案

梁斯睿*

关键词　无证驾驶　驾驶资格　免除保险赔偿责任

【裁判要旨】

驾驶人被记满12分与无证驾驶有所不同，仅表明驾驶人有交通安全违法行为未处理，驾驶人并不当然失去驾驶资格。此时发生交通事故，如商业险合同未明确此情况属无证驾驶的免责事由，保险公司以驾驶人为无证驾驶、没有驾驶资格为由拒赔商业险，理由不能成立。

【相关法条】

《侵权责任法》第十六条

《道路交通安全法》第七十六条第一款

《最高人民法院关于审理道路交通事故损害赔偿案件适用法律若干问题的解释》第十六条

《最高人民法院关于审理人身损害赔偿案件适用法律若干问题的解释》第

* 作者单位：广州市荔湾区人民法院。

十七条、第十八条、第十九条、第二十一条、第二十二条、第二十三条、第二十四条、第二十五条、第三十五条

【案件索引】

一审：广东省广州市荔湾区人民法院（2017）粤0103民初8581号（2017年12月28日）；

二审：广东省广州市中级人民法院（2018）粤01民终2830号（2018年4月3日）。

【基本案情】

上诉人（原审被告）：中国人民财产保险股份有限公司深圳市分公司（以下简称财产保险深圳公司）。

被上诉人（原审原告）：梁某好。

被上诉人（原审被告）：陈某华。

被上诉人（原审被告）：赵某浪。

2016年I2月24日，被告陈某华驾驶粤BS××F1号牌小型轿车沿广州市荔湾区双桥路由东往西方向行驶至双桥路地铁坦尾站出口对出路段，与由南往北方向横过马路的原告梁某好发生碰撞，造成原告受伤的交通事故。广州市公安局交通警察支队荔湾大队出具道路交通事故认定书，认定被告陈某华承担事故的全部责任，原告梁某好无责任。

事故发生后，原告被送往医院急诊后住院治疗，入院诊断为闭合性胫骨平台骨折（左）、高血压3级、非胰岛素依赖型糖尿病不伴有并发症，入院期间行左胫骨平台塌陷性骨折切开撬拨复位内固定+植骨术。原告经三次住院治疗共35天，出院医嘱包括加强营养等。住院期间，原告支付了医疗费6501.28元，被告陈某华垫付医疗费35494.14元。原告为购买轮椅、助行器等辅助器具支付了953元。

2017年9月20日，广东德胜法医临床司法鉴定所出具鉴定意见书，鉴定意见为原告的伤残等级为九级，后续治疗费约需12000元，护理期限以180天为宜。原告支付了3000元鉴定费。

另查明，粤BS××F1号牌小轿车的车主系被告赵某浪。2016年8月12日，被告赵某浪为该车辆向被告财产保险深圳公司购买了机动车交通事故责任

强制保险（以下简称交强险）及第三者责任商业保险（以下简称商业三者险）。其中，交强险死亡伤残赔偿限额110000元，医疗费用赔偿限额10000元；商业三者险赔偿限额为1000000元，含不计免赔条款。据保单所附《机动车交通事故责任强制保险条款》第九条第（一）项记载，驾驶人未取得驾驶资格等情形下发生交通事故，造成受害人受伤需要抢救的，保险人在接到公安机关交通管理部门的书面通知和医疗机构出具的抢救费用清单后，按照国务院卫生主管部门组织制定的交通事故人员创伤临床诊疗指南和国家基本医疗保险标准进行核实；对于符合规定的抢救费用，保险人在医疗费用赔偿限额内垫付。保单所附《机动车综合商业保险条款》第二章第二十四条记载，驾驶人无证驾驶，驾驶证被依法扣留、暂扣、吊销、注销期间，不论任何原因造成保险机动车的任何损失和费用，保险人均不负责赔偿。本次事故发生在保险期间内，事故发生时被告陈某华的驾驶证累计已记12分，状态为超分。原告梁某好的户籍属居民家庭户。

财产保险深圳公司及赵某浪确认，赵某浪是通过电话销售车险途径投保的。财产保险深圳公司依据上述保险条款主张免予承担保险责任，为证明其已向赵某浪履行免责条款提示与明确说明义务，还提供了一份保险销售电话录音光盘及通话内容文字记录。据该记录，该公司电话客服提及“只要出现无证驾驶、酒后驾驶、行驶证或驾驶证过期、交通事故后逃逸的保险公司不予赔付”。原告、赵某浪、陈某华认为，电话录音与保险单等都不能明确反映驾驶证累计记12分属免责情形。

【裁判结果】

广州市荔湾区人民法院于2017年12月28日作出（2017）粤0103民初8581号民事判决：1. 自本判决发生法律效力之日起五日内，被告财产保险深圳公司一次性赔付原告梁某好182444.04元；2. 驳回原告梁某好的其他诉讼请求。

宣判后，财产保险深圳公司不服上述判决，向广州市中级人民法院提出上诉。

广州市中级人民法院于2018年4月3日作出（2018）粤01民终2830号民事判决：驳回上诉，维持原判。

【裁判理由】

法院生效判决认为：

自然人的健康权、身体权受法律保护，侵害自然人身体造成损害的，应当承担相应侵权责任。当事人双方对公安交通管理部门认定的事故责任无异议，法院予以确认，被告陈某华应对原告梁某好的人身损害承担赔偿责任。被告陈某华驾驶的车辆投保了交强险和商业三者险，根据《最高人民法院关于审理道路交通事故损害赔偿案件适用法律若干问题的解释》第十六条之规定，应由财产保险深圳公司在交强险责任限额内予以赔偿，不足部分在商业三者险限额内予以赔偿。

关于财产保险深圳公司以陈某华驾驶证记满 12 分为由拒赔理由能否成立的问题。首先，被告财产保险深圳公司虽提出此情形属无证驾驶，但原告在事故发生时持有驾驶证，不符合《机动车交通事故责任强制保险条款》第九条规定的“驾驶人未取得驾驶资格”的情形。其次，虽然陈某华的驾驶证在事故发生前被累计记满 12 分，但未被公安交通管理部门扣留、暂扣、吊销或注销，且公安交通管理部门作出的道路交通事故认定书也并未认定陈某华的行为属无证驾驶，故此情形不符合《机动车综合商业保险条款》第八条“驾驶人无证驾驶（驾驶证被依法扣留、暂扣、吊销、注销期间）”的情形。最后，被告财产保险深圳公司主张其已经履行了免责条款提示义务，但从其提供的车险销售电话录音记录及保险合同条款的内容看，均无明确说明驾驶人累计记 12 分属免除保险赔偿责任的范围。由此，保险合同对于驾驶人的驾驶证记 12 分属免予承担保险责任范围并无明确约定，被告财产保险深圳公司提出免责抗辩缺乏法律及合同依据，法院不予采纳。

关于原告梁某好的具体损失，认定如下：

1. 医疗费。根据原、被告提供的医疗票据、医疗费用清单，依法认定原告医疗费总额为 41995. 42 元，结合双方当事人陈述，可认定其中由原告支付了 6501. 28 元，由被告陈某华支付了余款 35494. 14 元。对于被告财产保险深圳公司要求扣除非医保费用及治疗其他自身疾病费用的问题，因原告提供的病历、出院记录、医疗费用清单等可反映其在事故后的治疗情况，该治疗事实因事故所导致，采用何种治疗方案及具体用药均属医院专业医疗行为范畴，现并无证据证实因原告个人原因产生了超出医嘱范围的不必要的治疗行为及用药，故对该答辩意见不予采纳。

2. 后续治疗费。因原告在住院期间行左胫骨平台塌陷性骨折切开撬拨复位内固定+植骨术，据出院医嘱及司法鉴定意见书可知，后续须拆除内固定。经司法鉴定意见书鉴定，该后续治疗费为12000元。为免诉累，该后续治疗费可在本案中一并认定处理。

3. 残疾辅助器具费。原告主张该费用953元有发票为证，予以认定。

4. 住院伙食补助费。原告住院治疗35天，参照本地国家机关一般工作人员的出差伙食补助标准确定为3500元（100元/天×35天）。

5. 护理费。据司法鉴定意见书的鉴定意见，原告的护理期限以180天为宜。被告财产保险深圳公司主张护理费按35天计算缺乏依据，不予采纳。原告的护理费参照本地护工从事同等级别护理的劳务报酬标准计算为14400元（80元/天×180天）。

6. 交通费。原告未能提交交通费票据，结合其伤情及就诊情况，酌定为500元。

7. 营养费。本院结合其伤情、治疗情况及医嘱，酌定为1000元。

8. 残疾赔偿金。根据《最高人民法院关于审理人身损害赔偿案件适用法律若干问题的解释》第二十五条规定，结合原告属城镇居民户口、定残时年龄（64周岁）及鉴定为九级伤残（计算系数0.2）的情况，按照本地城镇居民人均可支配收入计算为120589.76元（37684.3元/年×16年×0.2）。原告主张按17年计算与司法解释的规定不符，不予采纳。

9. 精神损害抚慰金。原告因交通事故造成九级伤残，确遭受精神损害，结合其伤情、侵权情节等因素，精神损害抚慰金可酌定为20000元。

10. 伤残鉴定费。伤残鉴定费3000元，有鉴定机构开具的发票及鉴定意见书为证，予以认定。

上述残疾赔偿金120589.76元、住院伙食补助费3500元、护理费14400元、精神损害抚慰金20000元、鉴定费3000元、交通费500元、营养费1000元、残疾辅助器具费953元，合计163942.76元，由被告财产保险深圳公司在交强险死亡伤残赔偿责任限额中赔偿110000元，超出责任限额部分53942.76元在商业第三者险限额内赔付。上述医疗费41995.42元、后续治疗费12000元，合计53995.42元，在交强险医疗费用赔偿限额中赔偿10000元，超出限额部分43995.42元在商业第三者险限额内赔付。即被告财产保险深圳公司应在交强险和商业第三者险内合计赔付 217938.18 元，扣除陈某华垫付的 35494.14 元，被告财产保险深圳公司应向原告赔付 182444.04 元。至于陈某华垫付的医疗费用，由其另行向财产保险深圳公司办理理赔。根据《诉讼费用交纳办法》的规定，部分胜诉、部分败诉的，人民法院根据案件的具体情况决定当事人各自负担的诉讼费用数额。

二审中，二审法院认为上诉人既未有新的事实与理由，也未提交新的证据予以佐证自己的主张，故认可原审法院对事实的分析认定，对上诉人的上诉请求不予支持。原审认定事实清楚，判决并无不当，二审予以维持。

［评析］

保险公司以肇事驾驶人在事故前驾驶证记满12分属无证驾驶为由拒赔商业险是否成立

本案争议的焦点主要为保险公司以驾驶人驾驶证记满 12 分为由拒赔能否成立。笔者认为，此争议焦点包括两个问题，一是驾驶证记满 12 分是否属于无证驾驶，二是累计记满 12 分是否属保险公司免予承担保险责任的事由。

一、驾驶人驾驶证记满 12 分的情形是否属于无证驾驶

在司法实践中，对于此种情形存在两种观点。一是认为属于无证驾驶。根据《道路交通安全法》《道路交通安全法实施条例》，机动车驾驶人在记分周期内记分达到 12 分的情况下，不得驾驶机动车。据该规定，此时若发生事故属无证驾驶。二是此情况下并不意味着丧失驾驶资格，驾驶人可以通过学习、参加考试等注销记分，只有出现公安机关交通管理部门扣留、暂扣、吊销或注销等情形时，驾驶证才停止使用。

笔者同意第二种观点。一方面，根据《道路交通安全法实施条例》第二十三条、第二十五规定，公安机关交通管理部门实行道路交通安全违法行为累积记分制度，记分周期为 12 个月。对于在周期内记分达到 12 分的，管理部门将扣留其机动车驾驶证，该机动车驾驶人应当按照规定参加考试：考试合格的，发还机动车驾驶证；考试不合格的，继续参加考试。而拒不参加公安机关交通管理部门通知的学习，也不参加考试的，由公安机关交通管理部门公告机

动车驾驶人机动车驾驶证停止使用。由此可知，当机动车驾驶人驾驶证记分满12分时，仅表明机动车驾驶人有交通安全违法行为，并不当然失去机动车驾驶资格。若该机动车驾驶人考试合格，驾驶证将发还，只有其拒不参加学习也不参加考试时，其驾驶证才停用。换言之，驾驶人在记满12分时，如管理部门未扣留其证照，则驾驶人仍持有准驾证明，不符合“驾驶人未取得驾驶资格”的情形。本案中，事故发生后公安交通管理部门到场处理，其后作出道路交通事故认定书，也并未认定驾驶人陈某华的行为属无证驾驶，且在事故后陈某华通过学习、考试销了记分，恰表明了陈某华在事故发生时是有驾驶资格的，不符合《机动车综合商业保险条款》“驾驶人无证驾驶”的情形。

二、驾驶人驾驶证记分累计12分是否属商业险免责事由

保险合同是当事人意思自治的射幸合同，保险合同的理赔范围应在当事人双方签订合同时确定，保险合同中免于承担保险的责任范围应以合同条款的表述为依据，且保险人应当向投保人明确释明。本案中，商业险合同规定的免责事由包括“驾驶人无证驾驶，驾驶证被依法扣留、暂扣、吊销、注销期间，不论任何原因造成保险机动车的任何损失和费用，保险人均不负责赔偿”，而并无明确规定驾驶证记12分属免责事由。即便是保险公司主张的投保前客服电话提示，也并无驾驶证记12分可以拒赔的说明。由此可知，保险合同双方当事人并无约定关于驾驶证累计记12分属免责情形。

综上，双方保险合同既没有明确规定驾驶证记12分可以免责，现行的道路交通管理法律法规也并无保险公司可以据此拒赔的明确依据。从尊重保险合同当事人意思自治角度，以及保障交通事故受害人利益出发，法院不采纳保险公司提出的免责抗辩更为公平合理。同时，法院可向公安交通管理部门发出司法建议，建议对类似记分情况及时扣留处理，避免、减少驾驶证记满12分仍驾驶上路的问题隐患。

（第一审法院独任审判员：梁伟芳
第二审法院合议庭成员：徐琳、余军梅、王汇文）

[最新立法司法动态]

民法典各分编（草案）征求意见（二）

第十五章　地役权

第一百六十三条　地役权人有权按照合同约定，利用他人的不动产，以提高自己的不动产的效益。

前款所称他人的不动产为供役地，自己的不动产为需役地。

第一百六十四条　设立地役权，当事人应当采取书面形式订立地役权合同。

地役权合同一般包括下列条款：

（一）当事人的姓名或者名称和住所；

（二）供役地和需役地的位置；

（三）利用目的和方法；

（四）利用期限；

（五）费用及其支付方式；

（六）解决争议的方法。

第一百六十五条　地役权自地役权合同生效时设立。当事人要求登记的，可以向登记机构申请地役权登记；未经登记，不得对抗善意第三人。

第一百六十六条　供役地权利人应当按照合同约定，允许地役权人利用其不动产，不得妨害地役权人行使权利。

第一百六十七条　地役权人应当按照合同约定的利用目的和方法利用供役

地，尽量减少对供役地权利人物权的限制。

第一百六十八条 地役权的期限由当事人约定，但不得超过土地承包经营权、建设用地使用权等用益物权的剩余期限。

第一百六十九条 土地所有权人享有地役权或者负担地役权的，设立土地承包经营权、宅基地使用权时，该土地承包经营权人、宅基地使用权人继续享有或者负担已设立的地役权。

第一百七十条 土地上已设立土地承包经营权、建设用地使用权、宅基地使用权等权利的，未经用益物权人同意，土地所有权人不得设立地役权。

第一百七十一条 地役权不得单独转让。土地承包经营权、建设用地使用权等转让的，地役权一并转让，但合同另有约定的除外。

第一百七十二条 地役权不得单独抵押。土地承包经营权、建设用地使用权等抵押的，在实现抵押权时，地役权一并转让。

第一百七十三条 需役地以及需役地上的土地承包经营权、建设用地使用权部分转让时，转让部分涉及地役权的，受让人同时享有地役权。

第一百七十四条 供役地以及供役地上的土地承包经营权、建设用地使用权部分转让时，转让部分涉及地役权的，地役权对受让人具有约束力。

第一百七十五条 地役权人有下列情形之一的，供役地权利人有权解除地役权合同，地役权消灭：

（一）违反法律规定或者合同约定，滥用地役权；

（二）有偿利用供役地，约定的付款期间届满后在合理期限内经两次催告未支付费用。

第一百七十六条 已经登记的地役权变更、转让或者消灭的，应当及时办理变更登记或者注销登记。

第十六章　担保物权一般规定

第一百七十七条 担保物权人在债务人不履行到期债务或者发生当事人约定的实现担保物权的情形，依法享有就担保财产优先受偿的权利，但法律另有规定的除外。

第一百七十八条 债权人在借贷、买卖等民事活动中，为保障实现其债权，需要担保的，可以依照本法和其他法律的规定设立担保物权。

第三人为债务人向债权人提供担保的，可以要求债务人提供反担保。反担保适用本法和其他法律的规定。

第一百七十九条 设立担保物权，应当依照本法和其他法律的规定订立担保合同。担保合同是主债权债务合同的从合同。主债权债务合同无效，担保合同无效，但法律另有规定的除外。

担保合同被确认无效后，债务人、担保人、债权人有过错的，应当根据其过错各自承担相应的民事责任。

第一百八十条 担保物权的担保范围包括主债权及其利息、违约金、损害赔偿金、保管担保财产和实现担保物权的费用。当事人另有约定的，按照约定。

第一百八十一条 担保期间，担保财产毁损、灭失或者被征收等，担保物权人可以就获得的保险金、赔偿金或者补偿金等优先受偿。被担保债权的履行期未届满的，也可以提存该保险金、赔偿金或者补偿金等。

第一百八十二条 第三人提供担保，未经其书面同意，债权人允许债务人转移全部或者部分债务的，担保人不再承担相应的担保责任。

第一百八十三条 被担保的债权既有物的担保又有人的担保的，债务人不履行到期债务或者发生当事人约定的实现担保物权的情形，债权人应当按照约定实现债权；没有约定或者约定不明确，债务人自己提供物的担保的，债权人应当先就该物的担保实现债权；第三人提供物的担保的，债权人可以就物的担保实现债权，也可以要求保证人承担保证责任。提供担保的第三人承担担保责任后，有权向债务人追偿。

第一百八十四条 有下列情形之一的，担保物权消灭：

（一）主债权消灭；

（二）担保物权实现；

（三）债权人放弃担保物权；

（四）法律规定担保物权消灭的其他情形。

第十七章 抵押权

第一节 一般抵押权

第一百八十五条 为担保债务的履行，债务人或者第三人不转移财产的占有，将该财产抵押给债权人的，债务人不履行到期债务或者发生当事人约定的实现抵押权的情形，债权人有权就该财产优先受偿。

前款规定的债务人或者第三人为抵押人，债权人为抵押权人，提供担保的财产为抵押财产。

第一百八十六条 债务人或者第三人有权处分的下列财产可以抵押：

（一）建筑物和其他土地附着物；

（二）建设用地使用权；

（三）海域使用权；

（四）生产设备、原材料、半成品、产品；

（五）正在建造的建筑物、船舶、航空器；

（六）交通运输工具；

（七）法律、行政法规未禁止抵押的其他财产。

抵押人可以将前款所列财产一并抵押。

第一百八十七条 企业、个体工商户、农业生产经营者可以将现有的以及将有的生产设备、原材料、半成品、产品抵押，债务人不履行到期债务或者发生当事人约定的实现抵押权的情形，债权人有权就抵押财产确定时的动产优先受偿。

第一百八十八条 以建筑物抵押的，该建筑物占用范围内的建设用地使用权一并抵押。以建设用地使用权抵押的，该土地上的建筑物一并抵押。

抵押人未依照前款规定一并抵押的，未抵押的财产视为一并抵押。

第一百八十九条 乡镇、村企业的建设用地使用权不得单独抵押。以乡镇、村企业的厂房等建筑物抵押的，其占用范围内的建设用地使用权一并抵押。**第一百九十条** 下列财产不得抵押：

（一）土地所有权；

（二）耕地、宅基地、自留地、自留山等集体所有的土地使用权，但法律规定可以抵押的除外；

（三）学校、幼儿园、医疗机构等以公益为目的的组织的教育设施、医疗卫生设施和其他公益设施；

（四）所有权、使用权不明或者有争议的财产；

（五）依法被查封、扣押、监管的财产；

（六）法律、行政法规规定不得抵押的其他财产。

第一百九十一条 设立抵押权，当事人应当采取书面形式订立抵押合同。

抵押合同一般包括下列条款：

（一）被担保债权的种类和数额；

（二）债务人履行债务的期限；

（三）抵押财产的名称、数量、质量、状况、所在地、所有权归属或者使用权归属；

（四）担保的范围。

第一百九十二条 抵押权人在债务履行期届满前，不得与抵押人约定债务人不履行到期债务时抵押财产归债权人所有。

第一百九十三条 以本法第一百八十六条第一款第一项至第三项规定的财产或者第五项规定的正在建造的建筑物抵押的，应当办理抵押登记。抵押权自登记时设立。

第一百九十四条 以动产抵押的，抵押权自抵押合同生效时设立；未经登记，不得对抗善意第三人。

第一百九十五条 以动产抵押的，不得对抗正常经营活动中已支付合理价款并取得抵押财产的买受人。

第一百九十六条 抵押权设立前抵押财产已出租并转移占有的，原租赁关系不受该抵押权的影响。

第一百九十七条 抵押期间，抵押人转让抵押财产的，应当通知抵押权人。当事人另有约定的，按照其约定。

抵押财产转让的，抵押权不受影响。抵押权人能够证明抵押财产转让可能损害抵押权的，可以请求抵押人将转让所得的价款向抵押权人提前清偿债务或者提存。转让的价款超过债权数额的部分归抵押人所有，不足部分由债务人清偿。

第一百九十八条 抵押权不得与债权分离而单独转让或者作为其他债权的担保。债权转让的，担保该债权的抵押权一并转让，但法律另有规定或者当事人另有约定的除外。

第一百九十九条 抵押人的行为足以使抵押财产价值减少的，抵押权人有权要求抵押人停止其行为。抵押财产价值减少的，抵押权人有权要求恢复抵押财产的价值，或者提供与减少的价值相应的担保。抵押人不恢复抵押财产的价值也不提供担保的，抵押权人有权要求债务人提前清偿债务。

第二百条 抵押权人可以放弃抵押权或者抵押权的顺位。抵押权人与抵押人可以协议变更抵押权顺位以及被担保的债权数额等内容，但抵押权的变更，未经其他抵押权人书面同意，不得对其他抵押权人产生不利影响。

债务人以自己的财产设定抵押，抵押权人放弃该抵押权、抵押权顺位或者变更抵押权的，其他担保人在抵押权人丧失优先受偿权益的范围内免除担保责任，但其他担保人承诺仍然提供担保的除外。

《最新法律文件解读》丛书
稿　约

《最新法律文件解读》是一套以为最新法律规范提供同步"解读"为主的系列丛书，分为刑事、民事、商事、行政与执行 4 个分册，按月出版。

本丛书以"解读"为重点，突出全、专、新、快、准等特点，通过对最新出台的法律、法规、司法解释、部门规章以及重要地方性法规进行同步动态解读，弥补了法律、法规、司法解释汇编类出版物没有同步阐释、解读内容的不足，为广大读者学习理解最新法律规范，正确贯彻执行法律文件，及时解决实践中的新情况、新问题，提供一个全方位、多层面的法律信息平台。

欢迎您向以下栏目赐稿：

【最新法律文件解读】主要是对最新颁行的法律文件进行解读，帮助司法和执法人员正确理解法律文件的立法背景、意义、重点内容、在适用中应注意的问题、与相关法律文件的衔接与互动关系等等。

【司法实务问题研究】主要刊登对司法理论、实务及司法管理工作中的热点、疑难问题进行研究及评论的文章。

【新类型疑难案例选评】主要是对司法和行政执法实践中具有典型性和代表性的疑难案例，结合具体案情以及审理或处理结果进行简练精辟的点评，解析认识问题的方法、处理问题的法律依据和在个案中的具体适用。

【法学前沿与新视点】以摘要的形式刊登相关法学理论研究的最新动态及具有代表性和典型性的前沿问题，扩展法学研究的深度和广度。

【法律适用问题解答】主要针对司法和行政执法实践中面临的新问题、热点问题、疑难问题进行简要的解答，指出涉及的法律关系，明确法律适用依据。

稿件一经刊用，即付稿酬，稿酬从优。

《刑事法律文件解读》　姜　峤　邮箱：bj85250573@126.com

《民事法律文件解读》　丁丽娜　邮箱：dlnlaw@163.com

《商事法律文件解读》　路建华　邮箱：shangshijiedu@126.com

《行政与执行法律文件解读》　张　奎　邮箱：271717306@qq.com

人民法院出版社

《最新法律文件解读》丛书编辑部